Naftali Fürst

Wie Kohlestücke in den Flammen des Schreckens

Naftali Fürst

Wie Kohlestücke in den Flammen des Schreckens

Eine Familie überlebt den Holocaust

Herausgegeben von Annette Hirzel
Übersetzung aus dem Englischen und wissenschaftliche Recherche von Joachim Wiesner

neukirchener
aussaat

MIX
Papier aus verantwortungsvollen Quellen
FSC® C016439

Dieses Buch wurde auf FSC®-zertifiziertem Papier gedruckt.
FSC® (Forest Stewardship Council®) ist eine nichtstaatliche,
gemeinnützige Organisation, die sich für eine ökologische und
sozialverantwortliche Nutzung der Wälder unserer Erde einsetzt.

Bibliografische Information der Deutschen Nationalbibliothek

Die Deutsche Nationalbibliothek verzeichnet diese Publikation in der Deutschen Nationalbibliografie; detaillierte bibliografische Daten sind im Internet über http://dnb.d-nb.de abrufbar.

3. Auflage 2015

Umschlaggestaltung: Andreas Sonnhüter, Niederkrüchten
Umschlagfotos: © Martin Lengemann, Joachim Wiesner, Harry Miller
DTP: Breklumer Print-Service, Breklum
Verwendete Schrift: Adobe Garamond
Gesamtherstellung: Hubert & Co., Göttingen
Printed in Germany
ISBN 978-3-7615-5974-1

www.neukirchener-verlage.de

Inhalt

Das Buch ist meiner Partnerin Tova, meiner Tochter Ronit, meinem Schwiegersohn Ehud, meinen Enkeln Tom, Mika, Yoel und Michal gewidmet, die die Quelle meiner Kraft sind.

Zur Erinnerung
an meine Mutter Margit und meinen Vater Artur
und meinen Bruder Peter Shmuel,

mit dem zusammen ich diese Familiengeschichte
zu schreiben begonnen habe.

Über fünfzig Jahre lang waren meine Erinnerungen und Gefühle tief in meiner Seele begraben. Ich habe Bruchstücke meiner Kindheit zu sehr seltenen Gelegenheiten preisgegeben, und das nur einer Hand voll Menschen.

1999 haben mein Bruder und ich begonnen, unsere Überlebensgeschichte aufzuschreiben:

zuerst als illustrierte Broschüre in Hebräisch für unsere Familie in Israel, dann erweitert und in Hebräisch und auch in Englisch im Internet veröffentlicht (www.furststory.com).

Mein Freund, der österreichische Lehrer Joachim Wiesner, hat unsere Lebensgeschichte 2007 ins Deutsche übersetzt.

(Fotograf: Martin Lengemann, Berlin) Der Schauspieler Jeff Goldblum im Januar 2007 mit Naftali Fürst in Berlin, dem er Szenen seines geplanten Films „Adam resurrected“ vorspielt
Sein Grußwort:

Thank you so much, dear Naftali, for your
inspirational courage.
You will always be in my heart, my friend.
Jeff

Wolfgang Thierse,
Vizepräsident des Deutschen Bundestages

Geleitwort

Als sowjetische Soldaten am 27. Januar 1945 das Konzentrationslager Auschwitz befreiten, machten sie eine grausame Entdeckung. Sie fanden nur noch 7.600 Überlebende vor, dafür aber 348.820 Männeranzüge und 836.525 Frauenkleider: Spuren der Opfer, Dokumente der Entmenschlichung und planmäßigen Ermordung, die die SS nicht mehr rechtzeitig vernichten konnte. Sechs Millionen Juden sind von den Nationalsozialisten ermordet worden – in Auschwitz-Birkenau und vielen anderen Konzentrations- und Vernichtungslagern.

Die Brüder Naftali und Shmuel Fürst gehörten zu den Opfern des nationalsozialistischen Terrors und Rassenwahns. Gemeinsam mit ihren Eltern wurden sie in den Lagern Sered, Auschwitz-Birkenau und Buchenwald interniert. Es grenzt an ein Wunder, dass alle vier das Martyrium aus Haft, Zwangsarbeit, Todesmarsch und Krankheit überlebten. Andere Mitglieder der Familie wurden ermordet.

Erst ein halbes Jahrhundert später waren Naftali und Shmuel Fürst in der Lage, ihre Familiengeschichte niederzuschreiben: Sie setzt zu Beginn der 30er Jahre ein, zeichnet das Bild einer gut situierten jüdischen Familie aus Pressburg/Bratislava im ersten Drittel des zwanzigsten Jahrhunderts. Sie schildert den Überlebenskampf der Familie Fürst in den Jahren des Krieges und des Terrors und die Umstände ihrer Befreiung. Sie schildert die Emigration der Familie nach Israel und berichtet über das Leben nach den Erfahrungen des Holocaust.

Eine berühmte Fotografie, die wenige Tage nach der Befreiung des Konzentrationslagers Buchenwald entstanden ist, zeigt den zwölfjährigen Naftali Fürst neben anderen ausgemergelten Häftlingen. Er liegt in der dritte Etage eines riesigen Bettengestells, völlig entkräftet: »Ich war so krank, fast schon auf der anderen Seite«, erinnert er sich später. Dieses Bild ging um die Welt. Es ist in vielen Gedenkstätten zu finden und wurde in Schulbüchern abgedruckt.

Ich bin dankbar, dass Naftali und Shmuel Fürst ihre Lebenserinnerungen aufgeschrieben haben und auf diese Weise ihr Wissen, ihre Erfahrungen an die nachkommenden Generationen weitergeben. Denn historische Aufklärung bleibt notwendig. Sie soll und kann politisch sensibilisieren und der jungen Generation ein Bewusstsein für die eigene Verantwortung vermitteln.

Das Buch dokumentiert die widersprüchliche Geschichte des 20. Jahrhunderts in eindringlichen, bewegenden Worten. Es erinnert daran, dass hinter den schwer fassbaren Opferzahlen des Holocaust ganz konkrete Lebensläufe, individuelle Schicksale, große menschliche Tragödien stehen. Es gibt den Opfern Name und Gesicht.

Ich wünsche mir, dass die Erinnerungen der Brüder Fürst viele Leserinnen und Leser erreichen, gerade auch der nachwachsenden Generation!

Manfred Kock, Präses i.R.

Geleitwort

Was wird der Menschheit im Gedächtnis bleiben vom 20. Jahrhundert? Der industrielle Aufbruch oder die Zeit des Wirtschaftswunders? Der technische Fortschritt, das ungeheure Wachsen der Mobilität, die Beschleunigung weltumspannender Kommunikation mit Hilfe elektronischer Technik? Sind es Stalin und Mao, die ihre Herrschaftsbereiche mit grausamer Brutalität von ihren Gegnern »gesäubert« haben? Oder das Ende des Kolonialismus und des Ost-West-Gegensatzes mit dem Fall der Mauer? Oder sind es die Hungerkatastrophen von Biafra, Äthiopien, Somalia und der andauernde Skandal, dass 12 Millionen Kinder jährlich verhungern? Oder ist es die Erinnerung an das Jahrhundert der Hochrüstung, der schrecklichen »totalen Kriege«, der Vertreibungen, der Zwangsarbeit, der Folter?

Unauslöschlich im Gedächtnis bleiben müssen jedenfalls die Exzesse des Antisemitismus mit seiner unvorstellbaren Menschenverachtung, der Mord an Millionen in den nationalsozialistischen Vernichtungslagern mit ihrer bürokratischen Gründlichkeit und technischen Perfektion.

Die Autobiographie von Naftali und Shmuel Fürst zeichnet exemplarisch das Schicksal von Millionen bedrohter und durch die Verfolgung zerrissener Familien. Viele haben ihre Angehörigen in KZs wie Buchenwald oder Treblinka verloren. Sie sollten ihres Menschseins beraubt werden, schon ehe sie ins Gas und ins Feuer gejagt wurden. Alles sollte ihnen genommen werden, der Name, die Würde, die Hoffnung. So verständlich es ist, dass die Überlebenden Jahrzehnte über ihre

Erlebnisse geschwiegen haben, so wichtig ist es, dass sie nun nach langer Zeit etwas mitteilen von dem, was sie gequält hat.

Bücher wie dieses lassen die namenlos Gemachten, die Geschändeten und Unterdrückten nicht ins Vergessen versinken, auch die nicht, deren Spur sich im Feuer verliert. Gebe Gott, dass die Klage darüber nie verstummt. Denn die Klage ist der erste Schritt ins Vertrauen auf Gott, der sich an sein Geschöpf erinnert und an das Volk seiner Wahl.

In Deutschland gibt es die untergründigen Überlieferungen in vielen Familien mit ihren Relativierungen der Schuld und den Verklärungen der deutschen Vergangenheit. Das nehmen junge Leute in sich auf und haben daher für die geschichtliche Schuld der Vergangenheit keinen Blick. Viele Menschen in unserem Land wehren sich gegen die Antisemitismusvorwürfe, weil sie dadurch an die deutsche Kriegslust und an die industrielle Menschenvernichtung erinnert werden. Für viele ist das mühselig und quälend. Darum ist die Sehnsucht nach Schluss-Strichen groß. Aber die Geschichte bleibt wirksam nur, soweit sie erinnert wird. Das macht Bücher wie dieses so wichtig. Der Kampf gegen rassische, nationalistische und religiöse Vorurteile ist nicht zu Ende. Das Ziel muss bleiben, dass jeder einzelne der nachwachsenden Generation die historische Verantwortung aus dem Gedenken an die Schrecken der Vergangenheit herleiten kann. Niemand kann sich durch Pochen auf Verjährung aus der Geschichte stehlen. Es dauert nicht mehr lange, dann wird niemand mehr leben, der aus eigenem Erleben über die dunkle Zeit unserer Geschichte berichten kann. Niemand wird mehr leben, der persönliche Schuld an den Verbrechen der Hitlerzeit trägt. Die Schuld wird danach darin bestehen, die Haftung für unsere Geschichte zu verweigern und der daraus resultierenden Verantwortung auszuweichen.

Annette Hirzel

Einführung

»Komme, was wolle, wir müssen einfach überleben! Wir müssen!« Diese Worte seines Vaters brannten sich in das Herz von Naftali Fürst und seinem zwei Jahre älteren Bruder Shmuel. Dieser Überlebenswille, dieses Ja zum Leben, prägt dieses Büchlein in einer ganz eigenen Spannung zwischen schockierender Realität und brennender Herzlichkeit, die den unzählbaren namenlosen Opfern, vor allem den ermordeten Kindern, Gesicht und Stimme verleiht.

Als Naftali im Winter 1945 nach einer über dreijährigen Odyssee durch vier Konzentrationslager und einem viertägigen Marsch von Auschwitz-Birkenau völlig entkräftet im KZ Buchenwald ankam und todkrank wurde, pflegten ihn Frauen des Lagerbordells Buchenwald, bis die Amerikaner am 11. April 1945 das Lager befreiten.

Irgendwie gelangte er auf der Suche nach einem Schlafplatz in diesen Tagen in jene »Todesbaracke« im Kleinen Lager, die ein amerikanischer Soldat, GI Miller, am 16. April 1945 photographierte und die in wenigen Tagen als Dokument des unvorstellbaren Schreckens um die ganze Welt ging: 26 ausgemergelte halbnackte Gestalten in Holzpritschen, dem Tode näher als dem Leben.

Zwei Jahre später lag dieses Foto den Militärrichtern beim »Buchenwald-Prozess« im ehemaligen KZ Dachau als Beweisstück vor. Gut 10 Jahre später erschien es in Bildbänden, wurde später in Ausstellungen gezeigt, ist heute in vielen Geschichtsbüchern zu finden. Anfang der 60er Jahre hat Naftali sich auf diesem Foto in der Zeitung »Maariv« in Israel »entdeckt«, und er kann sich noch sehr genau an den Moment dieser Aufnahme erinnern, wo er ganz bewusst weggeschaut hatte.

»Ich hatte noch Glück, denn eine Million Kinder sind nicht zurückgekommen«, sagt Naftali. Und doch – von »Rettung« kann keine Rede sein, »wir sind Überlebende, Kohlestücke, die in den Flammen des Schreckens nicht völlig verbrannt sind«.

Unwiederbringlich bleibt, was die Flammen dieses Schreckens ausgelöscht haben. Nicht aber erloschen ist die Brennkraft dieses einen Kohlestücks. Das bleibt für mich das Wunderbar-Unbegreifbare: dass ein kokelndes Kohlestück Feuer und Flamme wird für das Leben und »eine wahnsinnige Wärme ausstrahlt«, wie eine Berliner Schülerin es ausgedrückt hat.

60 Jahre lang hat Naftali Fürst weder Deutsch gesprochen noch Deutschland besucht – bis zum Jahr 2005. Hier hat »der Kreis des Schweigens sich geschlossen« und Naftali sein Gelübde, nie mehr Deutsch zu sprechen, aufgehoben.

Begonnen hatte dieser Wendepunkt mit dem Besuch der inzwischen verstorbenen deutschen Journalistin Ursula Junk im Jahr 2004 in Israel. Sie hatte wegen des Fotos recherchiert und außer Naftali zwei weitere Männer identifiziert: Max Hamburger aus Belgien und Nikolaus Grüner aus Schweden. Sie brachte 2005 in Weimar anlässlich der 60-Jahr-Feier Befreiung KZ Buchenwald diese drei erstmals zusammen.

Der österreichische Geschichtslehrer Joachim Wiesner, der im Jahr 2004 im Rahmen einer Lehrerfortbildung Naftali Fürst in Yad Vashem in Jerusalem kennengelernt hatte und seitdem mit ihm befreundet ist, kam zu diesem Treffen dazu.

Er hatte begonnen, die englische Homepage der beiden Fürst-Brüder ins Deutsche zu übersetzen und mit erklärenden Fußnoten zu versehen. Damit wurde die Buchveröffentlichung möglich. 2006 bin ich Naftali Fürst zum ersten Mal begegnet: Dank der Zusammenarbeit mit der Gedenkstätte Landjuden an der Sieg des Rhein-Sieg-Kreises und deren Leiterin, Frau Dr. Claudia Arndt, war Naftali Fürst zusammen mit den beiden anderen Buchenwald-Überlebenden am 9. November zum Zeitzeugengespräch am Anno-Gymnasium Siegburg zu Gast, an dem ich als Schul-Pfarrerin tätig bin.

Dass ich kurze Zeit später eine Berlin-Reise anlässlich des 27. Januar 2007 organisieren und begleiten würde, ahnte ich zu dem Zeitpunkt noch nicht.

Die Zeitzeugen waren als Ehrengäste der offiziellen Holocaust-Gedenkfeier im Deutschen Bundestag und zu zahlreichen Veranstaltungen eingeladen worden.

Der Vizepräsident des Deutschen Bundestages, Wolfgang Thierse, der für die Erstausgabe dieser Biografie ein Grußwort geschrieben hat, empfing unsere Gruppe. Damals ahnte ich ebenso wenig, dass Naftali mich bitten würde, seine Familiengeschichte in Deutschland herauszugeben. Inzwischen ist er schon dreimal zu Zeitzeugengesprächen in Siegburg gewesen, und auch zwischen ihm und Frau Dr. Arndt und dem Landrat des Rhein-Sieg-Kreises, Frithjof Kühn, hat sich eine herzliche Freundschaft entwickelt.

Die Evangelische Kirche im Rheinland hat dankenswerterweise die Reisen großzügig unterstützt. Von Manfred Kock, dem ehemaligen Präses der rheinischen Landeskirche und Vorsitzenden der EKD, stammt ein weiteres Grußwort.

Seit seinem ersten Besuch ist Naftali immer wieder nach Deutschland eingeladen worden, vor allem nach Buchenwald und Erfurt.

Die Ministerpräsidentin des Freistaates Thüringen, Christine Lieberknecht, die ihn sowohl im Landtag als auch bei ihrem ersten Israelbesuch zu Gast hatte, hat sich gern bereit erklärt, der Neuauflage dieses Buches ein Nachwort hinzuzufügen.

Aus der Asche, der das »Kohlestück« entronnen ist, sind Ölzweige gewachsen, Hoffnungszeichen, dass die „Flammen des Schreckens“ nicht das letzte Wort behalten.

Nun aber bleibt/
Glaube Liebe Hoffnung/
Diese drei/ Aber die Liebe/
ist das schwächste/
Glied in der Kette/
Die Stelle an welcher/
der Teufelskreis bricht.
(Eva Zeller)

Annette Hirzel

Vorwort von Naftali

Dieser verdammte Krieg, der 2. Weltkrieg, endete vor über 50 Jahren. Das ist eine Zeitspanne von zwei Generationen. Während all dieser Zeit bin ich älter geworden und bin jetzt schon jenseits der fünfundsechzig. (Stand: 1999; Anm. der Red.)

In Israel habe ich aktiv an drei weiteren Kriegen teilgenommen.

Ich heiratete Ruti Heilmann. Nach dreizehn Ehejahren ließen wir uns scheiden.

1957 wurde unsere Tochter Ronit geboren. Sie heiratete Ehud Bibring, und dank ihrer habe ich vier Enkelkinder: Tom, Mika, Yoel und Michael.

Über fünfzig Jahre lang waren meine Erinnerungen und Gefühle tief in meiner Seele begraben. Ich habe Bruchstücke meiner Kindheit zu sehr seltenen Gelegenheiten preisgegeben, und das nur einer Hand voll Menschen.

Nicht nur einmal wurde in unserer Familie die Bedeutung, die eine Dokumentation unserer Erinnerungen haben könnte, besprochen. Wir haben die Idee nie in die Tat umgesetzt. Solch ein Vorhaben erfordert offensichtlich einen Prozess der Entwicklung und Erkenntnis. In unserer Familie benötigte dieser Prozess ein halbes Jahrhundert.

Es scheint auch, dass mit der Zeit meine Gedanken und Erinnerungen mein Bewusstsein überfluteten. Sie wollten ausbrechen. Wahrscheinlich ahnte ich auch, dass sich mit dem Älterwerden die Lücken in meiner Erinnerung häufen würden.

Eine Änderung der öffentlichen Meinung in Israel gegenüber Menschen wie uns zusammen mit dem Drängen meiner Tochter und dem Einverständnis von Shmuel haben schließlich zu der Entscheidung geführt, unsere Familiengeschichte niederzuschreiben.

Aber bevor ich diese lange und gewundene Geschichte erzähle, möchte ich noch ein paar Dinge, die mir sehr bedeutsam sind und waren, ansprechen.

Als erstes würde ich gerne erwähnen, dass, obwohl ich ein emotionaler Mensch bin, dem leicht die Tränen kommen, weder mein Bruder oder ich noch meine Eltern jemals während des Krieges geweint haben. Heute kann ich diese Tatsache kaum fassen.

Zweitens, in meinem Bericht als Zeitzeuge für Yad Vashem wie auch in meinen schriftlichen Erinnerungen habe ich versucht, zwei Wörter zu vermeiden: Deutsche und *Nitzolim* (die Geretteten) – das allgemein übliche hebräische Wort für Überlebende.

Deutsche – ich verabscheue die Deutschen dieser Epoche, im Besonderen die, die SS- und Gestapouniformen trugen. Aus diesem Grund habe ich mich dafür entschieden, sie nur dann direkt zu nennen, wo es absolut notwendig war.

Die Geretteten – ich wurde nicht gerettet. Eine gerettete Person ist jemand, der an den verheerenden Ereignissen nicht teilgenommen hat, wie ein nichtjüdisches Kind in Monaco oder der Schweiz, das nie einen Krieg erlebt hat.

Wir sind Überlebende, Kohlestücke, die in den Flammen des Schreckens nicht völlig verbrannt sind.

Einleitung von Shmuel

Nach der Befreiung der Stätten unserer Kindheit von der sowjet-kommunistischen Herrschaft haben sowohl Naftali wie ich unseren Familien – jeder für sich – den Ort unserer Geburt und Herkunft gezeigt. Meine Söhne und mein Enkel, Ofer, dem wir eine dieser Reisen gewidmet haben, sagten uns, dass unsere Geschichte dokumentiert werden müsste, damit unser Erbe an die folgenden Generationen weitergegeben werde. Wir fühlen ebenfalls die Schwierigkeit, uns an die unzähligen Ereignisse, die vor einer langen Zeit passiert sind, zu erinnern. Wir sind uns bewusst, dass viele der Ereignisse in der Erinnerung verschwommen oder ganz in Vergessenheit geraten sind.

Aus diesem Grund ist unsere Entscheidung, die Familiengeschichte zu erzählen und niederzuschreiben, gefallen.

Naftali und ich haben unsere Kindheit gemeinsam erlebt. Wir teilten auch das Martyrium der Kriegsjahre. Daher erscheint eine gemeinsame Dokumentation und ein Aufteilen unserer jeweiligen Geschichten nur natürlich und logisch.

Einleitung von Naftali

Bei seiner Geburt war Shmuels Name Peter Fürst. In der Tschechoslowakei wurden einem jüdischen Kind nach jüdischer Tradition auch hebräische Namen gegeben. Diese wurden aber üblicherweise im täglichen Leben nicht verwendet. Peters hebräischer Name war Shmuel-Yitzhak.

Nach dem Krieg, als wir der Bewegung »Hashomer Hatzair« beitraten, war es völlig klar, dass wir auf »aliya«[1] nach Eretz Israel gehen würden. Zu dieser Zeit war es undenkbar, dass irgendjemand mit einem fremden Namen eine »aliya« unternehmen würde. Jedes Mitglied der Preßburger Sektion dieser Bewegung musste einen hebräischen Namen für sich wählen. Wenn er oder sie bereits einen solchen Namen bei der Geburt erhalten hatte, so war das in Ordnung. Wenn nicht, mussten sie einen hebräischen Namen annehmen. Darüber hinaus beschlossen wir in der Bewegung, dass ab einem bestimmten Datum jeder, der einen Freund mit seinem oder ihrem nicht-hebräischen Namen ansprach, dic Summe von einer Krone in die Gemeinschaftskasse zu zahlen hätte. Wir hielten diese Regel strikt ein, sodass wir nach einigen Monaten eine beträchtliche Summe in unserer Kasse hatten. Mit der Zeit gab es keine Zweifel mehr, und bei unserer Ankunft in Israel war es mehr als klar, dass der einzige und alleinige Namen meines Bruders Shmuel war.

Mein ursprünglicher Name war Juraj Fürst (Spitzname: Ďuro). Der Name Naftali kam vom Vater meines Großvaters Isidor.

In beiden Familien – der Familie Blum meiner Mutter und der Familie Fürst meines Vaters – waren wir beide die ersten Enkel. Natürlich sind in allen Familien die ersten Enkelkinder die begabtesten und schönsten. In unserem Fall gab es keine

Zweifel, da wir wirklich zwei sehr ansehnliche Knaben waren. Es gab keinen Grund für die ganze Familie, nicht völlig vernarrt in uns zu sein.

Die glücklichen Tage unserer Kindheit – sieben Jahre für Shmuel und sechs Jahre für mich – dauerten nicht sehr lange.

Schon Anfang 1938 gehörten wir zu den wenigen, die verfolgt wurden. Da unsere Familie ziemlich gut situiert war, konnten wir uns den sich verändernden Gegebenheiten anpassen. Wir lernten das von unseren Eltern, als wir von einem schönen Privathaus in eine Einzimmerwohnung zogen, in der wir selbst putzen und die Wäsche waschen mussten. Die Veränderungen, die uns hernach aufgezwungen wurden, lehrten uns zu arbeiten, weise und bis zu einem gewissen Grad intelligent zu sein, und gleichzeitig auch jedes äußerliche Anzeichen von Schläue in Grenzen zu halten. Wir lernten auch, unsichtbar zu sein. Wir wurden dazu erzogen, Menschen zu sein. Mein Vater war ein stolzer Mann, und er ließ es nie zu, dass ihn jemand beleidigte. Vor sich selbst behielt er immer seine Menschenwürde, auch wenn er verprügelt wurde. In unserem Haushalt existierte keine koschere Küche. Dennoch war unsere Familie von ihrem ganzen Wesen her eindeutig jüdisch. Mein Vater hat diese Tatsache nie verborgen. Sogar als unseren Eltern einmal der Vorschlag gemacht wurde, unseren Familiennamen in einen slowakischen abzuändern und zum Christentum zu konvertieren, lehnten sie dies klar und deutlich ab. Der unseren Eltern eigene Stolz und ihre Kraft inspirierten uns in unserer frühen Kindheit – wir waren erst sechs und acht Jahre alt, als wir in den reißenden Strom gezerrt wurden.

1938, kurz vor Beginn des Krieges, wurden wir gezwungen, unser Haus zu verlassen. Das Haus, das unser Vater mit seinen eigenen Händen ein paar Jahre zuvor gebaut hatte. Bevor wir das Haus aufgeben mussten, nahm er eine Axt und zerstörte Teile der Einrichtung, sogar Elemente, die in den Wänden eingebaut waren. Das seiner eigenen Hände Werk anzutun, war sicherlich nicht einfach. Unser Vater sagte damals: »Sie vertreiben mich aus meinem Haus, aber sie werden nie unseren Widerstandsgeist zerstören!«

Zu dieser Zeit waren uns natürlich die einzelnen Fakten noch nicht klar, wir waren jedoch in der Lage, die Gefühle und ihre Bedeutungen zu erfassen.

Wir beginnen unsere Familiengeschichte mit unseren Großeltern. Es wurde einmal behauptet, dass Naftali eher der Familie Blum und dass Shmuel eher der Familie Fürst nachschlägt.

Familie

Die Familie Blum

Großvater Blums Name war Isidor (Israel), und Großmutters Name war Janette. Beide wurden im 19. Jahrhundert in Vrbové geboren, einem Dorf in der Nähe der slowakischen Stadt Piešťany, und dort lebten sie ihr ganzes Leben. Sie hatten ein riesiges Haus mit einem großen Garten und einem Springbrunnen. Hühner und Gänse liefen im Garten umher, und wir Kinder liebten es, dort zu sein.

Großeltern Isidor und Janette Blum

Ihren Lebensunterhalt bestritten sie mit einem Stickereigeschäft, in dem sie bunte, traditionelle Blusen und Halstücher verkauften.

Großvater war einer der wenigen Exporteure von Stickereiwaren aus Vrbové. Er war wohl der einzige, der damals Stickereien mit traditionellen slowakischen Motiven exportierte. In der Zwischenkriegszeit war solch ein Betrieb recht ungewöhnlich.

Er war ein großer Philanthrop, und seine Familie war recht wohlhabend. Zu seiner Zeit war es üblich, Juden bei ihrer Ankunft in einem Dorf wie auch bei ihrer Abreise die entsprechende Gastfreundlichkeit zukommen zu lassen. Großvater suchte immer nach einer Möglichkeit, arme Menschen zu unterstützen.

Großmutter Janette war die dominante Person in der Familie.

Sie hatten fünf Kinder. Der Erstgeborene war Miši, der später in die USA emigrierte. Rudi, der zweite, lebte in der Slowakei und zwischendurch auch einmal in Ägypten. Die nächsten waren die eineiigen Zwillinge Lili und Anička. Margit, unsere Mutter, war die fünfte.

Familie Blum 1928: stehend v.l.: Misi, Margit (Mutter von Naftali und Shmuel), Rudi; vorne Mitte: Zwillinge Lilli und Anicka

Die meisten Einwohner von Vrbové waren Juden. In dem Dorf gab es eine prachtvolle Synagoge mit einem berühmten Rabbiner – Rabbi Reich, von dem bekannt ist, dass er nach Israel auswanderte und in Jerusalem lebte. Die Synagoge war der zentrale Anlaufpunkt der jüdischen Gemeinde von Vrbové. Großvater war ein frommer Mann. Jeden Morgen um vier Uhr morgens ging er in die Synagoge, um die heiligen Schriften zu lesen und zu studieren. Wir Kinder kamen oft nach Vrbové, und jeden Sabbat sowie Feiertag gingen wir mit Großvater in die Synagoge. Wir erinnern uns gerne an diese vertrauten wie aufregenden Momente.

Die Familie Blum vereinte in sich jüdische Traditionen mit einem modernen Leben. Großvater und Großmutter waren sehr aufgeschlossen und ließen ihren Kindern eine breit gefächerte Ausbildung angedeihen.

Im Winter 1939 rutschte Großvater auf der eisigen Straße aus und brach sich das Bein auf dem Weg in die Synagoge. Ans Bett gefesselt, entwickelte er eine tödliche Lungenentzündung. In meiner Familie wurde später geäußert, dass er wohl Glück gehabt hätte, vor dem Holocaust gestorben zu sein, dass er die Greuel dieser Zeit nicht mehr hat erleben müssen.

Der Friedhof von Vrbové, auf dem er begraben ist, hat die Zeit relativ gut überdauert. Fast unsere gesamte Familie hat sein Grab schon einmal besucht.

Heute leben jedoch fast keine Juden mehr in Vrbové. Bis vor ein paar Jahren lebte noch der Zahnarzt Dr. Braun dort. Als wir ihn trafen, erinnerte er sich noch gut an unsere Eltern. Wir trafen auch unser Kindermädchen, die uns betreute, als wir kleine Kinder waren. Auch sie erinnerte sich an uns, erkannte Naftali sogar nach über 50 Jahren wieder.

Nichts ist vom Haus unserer Großeltern übrig. Heute steht auf dem Grundstück eine Wohnsiedlung, die gesamte Gegend ist völlig verändert. Eigentlich sind die Gräber die einzigen Spuren unserer Familie in Vrbové. Auch die Synagoge ist lediglich ein Ort der Erinnerung an die ehemals ansässige jüdische

Gemeinde hier. Über die Jahre hinweg wurde sie auch als Lagerhalle für diverse Güter benutzt.

Als Österreich 1938 dem Deutschen Reich angeschlossen wurde, wurden auch die Streitkräfte der Tschechoslowakei mobilisiert. Unser Vater wurde eingezogen, und wir siedelten mit unserer Mutter nach Vrbové um. Unsere Familienbande wurden dadurch intensiver als je zuvor und, wir beiden Kinder wurden von allen verwöhnt, vor allem von Onkel Miši, einem humorvollen und lustigen Mann, der sehr gerne mit uns spielte.

Onkel Miši war Besitzer eines kleinen Betriebes für Kosmetika, der sich im hinteren Teil des Hauses befand. Er heiratete Lili Werner. 1938 emigrierten sie gemeinsam in die USA. Bevor sie die Tschechoslowakei verließen, kamen sie noch bei uns zu einem Abschiedsbesuch vorbei. Wir begleiteten sie zum Hafen von Bratislava, ihrem Abreisepunkt. In New York hat dann Tante Lili ihre Tochter Janette – nach Großmutter Blum benannt – zur Welt gebracht.

Onkel Miši verstarb 1992 im gesegneten Alter von zweiundneunzig.

Aus unserer Generation der Familie Blum lebt außer Janette, die heute noch in den USA lebt, und uns niemand mehr. In der Vergangenheit war die Familie Blum einmal eine große Familie gewesen, heute jedoch lebt nicht einmal der Name mehr fort.

Rudi war der jüngere Bruder von Miši. Er soll der gebildetste der Familie gewesen sein. 1935 schickte ihn die »Generali Versicherungsgesellschaft« nach Ägypten.

Er kehrte 1939 nach Vrobé zurück – zu unserer großen Sorge. Bis 1944 hielt er im Dorf und der Umgebung aus. In diesem Jahr schloss er sich dann den Partisanen in den Bergen an. Unser Vater war damals ebenfalls ein Partisan in diesem Gebiet. Schließlich wurden sie beide gefangen genommen und nach Sered ins Lager gebracht. Da wir zu dieser Zeit bereits erfahrene »Veteranen« in diesem Lager waren, versuchten wir, ihn aus der Baracke der zu Deportierenden zu bekommen. Er weigerte sich aber strikt, die Baracke zu verlassen. Bis heute werden wir das Gefühl nicht los, dass wir ihn vielleicht hätten retten können. Er war gerade 41 Jahre alt, als er in eines der Todescamps deportiert wurde. Wir wissen bis heute nicht genau, wo er starb.

Lili und Anička Blum waren eineiige Zwillinge. Wie alle Kinder der Familie Blum gingen sie in Vrbové zur Schule. Als sie herangewachsen waren, heiratete Arpad Weis, ein wohlhabender Händler für landwirtschaftliche Maschinen, Anička. Onkel Arpad war für uns eine große Hilfe während unserer Internierung im Lager von Sered. Er schaffte es, außerhalb des Lagers zu bleiben und sich frei zu bewegen. Er unterstützte uns finanziell oder durch Bestechungen der Lagerleitung, was es meiner Mutter ermöglichte, das Lager ab und zu zu verlassen. Arpad blieb während der gesamten Kriegszeit in der Slowakei.

(Nach Aničkas Tod heiratete Arpad 1945 ihre Zwillingsschwester Lili, deren Mann nicht mehr von den Todeslagern zurückgekehrt war. 1949 emigrierten sie gemeinsam nach Australien.)

Die Familie Fürst

In der Familie Fürst gab es immer ein starkes Zusammengehörigkeitsgefühl und viel Liebe. Alle Geschwister waren einander sehr zugetan.

Unser Vater Artur war die dominante Figur unter ihnen. Alle kamen sie zu ihm, um ihn um Rat zu fragen, und er sorgte sich um jeden einzelnen. Er wurde als Oberhaupt der Familie angesehen. An dieser Stelle sei auch erwähnt, dass die Familien Blum und Fürst stets exzellente Beziehungen untereinander pflegten.

Großeltern Irma und Hugo Fürst

Unser Großvater Hugo Fürst ist in Bratislava begraben. Er starb, bevor wir geboren waren. Großmutter starb, als Shmuel ca. 18 Monate alt war. Sie ist ebenfalls in Bratislava begraben. Wir besuchten den Friedhof vor Jahren und ließen beide Gräber renovieren. Auf den Grabsteinen ließen wir alle Namen ihrer Kinder und Enkelkinder, die im Holocaust umgekommen sind, eingravieren.

Die Familie Fürst hatte wohl seit Anfang des 18. Jahrhunderts in Bratislava gelebt, vielleicht sogar länger. Es gibt keine Dokumente darüber, womit sie ihren Lebensunterhalt bestritten.

Großvater war in Boldogasszony geboren worden, wir besitzen jedoch keine Informationen über seine Eltern.

Die Wurzeln der Familie meiner Großmutter mit Namen Frank liegen in Nové Zámky. Die Familie ist sehr verzweigt. Die meisten der Söhne und Töchter erhielten eine höhere Ausbildung. Sie wurden Doktoren, Rechtsanwälte, Lehrer und

Direktoren. Andere wiederum waren Händler und Handwerker in den für Juden damals üblichen Branchen.

Meine Großeltern hatten sechs Kinder.

6 Kinder Familie Fürst, 2.v.r.: Artur, Vater von Shmuel und Naftali

Elvira, älteste Schwester von Vater Artur Fürst

Mein Vater Artur wurde 1898 als zweites Kind nach seiner Schwester Elvira geboren, die später im Holocaust umkam wie auch dessen zweiter Ehemann, Lapeš Rosenzweig, und fast dessen ganze Familie. Er besuchte bis zum Alter von siebzehn die Schule. Im Ersten Weltkrieg wurde er dann zur Österreichisch-Ungarischen Artillerie eingezogen. Nach seiner

Entlassung aus dem Wehrdienst bei Kriegsende wurde er von einem berühmten Holzhändler angestellt. Bei ihm lernte er alles über den Ein- und Verkauf von Nutzholz. Zu dieser Zeit wurde Holz noch viel stärker als heute beim Hausbau wie auch in anderen Bereichen eingesetzt.

Mein Vater und sein jüngerer Bruder Ladislav, oder Laci (geb. 1903), gründeten gemeinsam die Firma »Gebrüder Fürst« (»Bratia Fürst«), die im Nutz- und Bauholzhandel aktiv war. Die Firma, eigentlich eine riesige Lagerhalle für Bauholz, befand sich in der Drevenástraße 7-9 in Petrˇzalka[2], einer Vorstadt von Pressburg. Vater war für die operativen Aspekte der Firma zuständig und war damit der Direktor der Firma. Onkel Laci war der Mann für die Finanzen und Verwaltung. Später wurde auch das Haus unserer Familie auf dem Firmengelände errichtet. Dort wurden wir geboren.

Haus der Familie Fürst

1936 heiratete Onkel Laci Stela Sonnenmark. Drei Jahre später wurde ihre Tochter Marika geboren. 1942 wurden sie alle drei von der Slowakischen Hlinka-Garde[3] gefangenge-

Laci Fürst, 1.v.l.

Lacis Frau Stella und Tochter Marika

nommen und nach Polen deportiert. Die gesamte Familie ist umgekommen.

Die jüngsten Geschwister unseres Vaters waren Gyula, der begabteste Bub der Familie, der 1949 nach Israel kam, und Lidia-Lido, die 1942 nach Polen deportiert wurde und nie zurückkam.

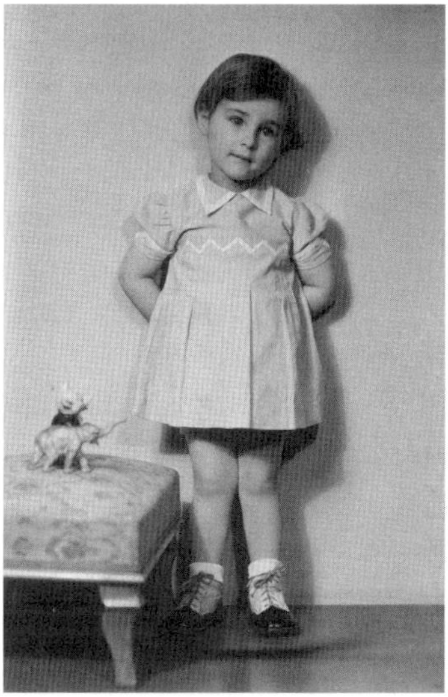

Tochter Marika

Noch erwähnen wollen wir Tante Bela, die Tante meines Vaters. Sie war die einzige aus der Generation meiner Großeltern, die wir gekannt haben. Sie hat nie geheiratet, und so hat die Familie für sie gesorgt. Unser Vater hat den Löwenanteil dieser Ver-

Familienfoto Fürst von 1936

sorgungslast übernommen. Für Tante Bela waren wir Kinder das Wunderbarste auf Erden. Wann immer wir zu ihr kamen, hatte sie alle möglichen Süßigkeiten für uns bereit. Ihr Heim war recht leer, sie lebte ein eher asketisch-bescheidenes Leben.

Während des Krieges wurden diverse Versuche unternommen, sie zu retten. Einer dieser Versuche wurde vom Rabbi von Nové Mesto unternommen, indem er sie in einem Altersheim unterbrachte.

Es gab Gerüchte, dass einige ältere Männer und Frauen im Austausch für andere, die dann ihre Plätze in den Heimen einnahmen, in die Todeslager deportiert wurden. Es gibt jedoch keine Beweise für diese Gerüchte. Tante Bela kam zu unserer großen Trauer im Holocaust um.

Mutter und Vater

Mutter war eine außerordentlich schöne Frau. Sie wurde als die Schönheit ihres Dorfes angesehen und von vielen Männern umworben. Bekannt als gebildete junge Frau, ging sie bis zum Alter von sechzehn oder siebzehn Jahren zur Schule. Sie sprach zwei Sprachen. In ihrer Jugend spielte sie auch Klavier, wie es für ein Mädchen aus gutem, jüdischem Hause üblich war. Dann aber kam der »galante junge Mann« aus der großen Stadt, Artur Fürst.

Wir wissen nicht genau, wie sie sich getroffen haben. 1929 jedenfalls, nachdem sie sich ein oder eineinhalb Jahre gekannt hatten, fand die Hochzeit im »Termia«, Piešťanys feinstem Hotel, statt. Wir schätzen uns glücklich, eine Fotografie, die zu diesem Ereignis gemacht wurde, zu besitzen.

Unmittelbar nach der Hochzeit übersiedelte unsere Mutter zu Vater nach Pressburg. Ihre Mitgift war nicht besonders groß, aber andererseits besaß mein Vater damals bereits das Lagerhaus und die Firma. Das Haus wurde später gebaut.

1931 wurde Shmuel, ihr erstes Kind, geboren. Ein Gynä-

1929 Hochzeit Artur und Margit Fürst

kologe, er stammte aus der Familie meiner Großmutter (= Familie Frank), erklärte meiner Mutter: »Auf den Geburtsstationen in Krankenhäusern ist das Risiko von Infektionen sehr hoch. Ich werde das Kind daher bei dir zu Hause auf die Welt bringen.« Und so wurde Shmuel zu Hause geboren.

Diese Zeit war von großer wirtschaftlicher Prosperität in der Tschechoslowakei geprägt. Ausgezeichnete Bedingungen des freien Handels, wirtschaftlicher Initiativen und kultureller Freiheit herrschten vor. Zweifelsohne sahen sich die Juden als Teil dieses Landes und taten ihr Möglichstes, persönlich voran zu kommen und gleichzeitig auch ihren Beitrag für die Wirtschaft und Gesellschaft der Tschechoslowakei zu leisten.

In diesem Umfeld machte die Firma meines Vaters wirtschaftlich einen großen Schritt vorwärts. Neben dem täglichen

Verkauf von Nutzholz und Baumaterialien engagierten er und Onkel Laci sich auch im Großhandel. Sie kauften ganze Zugladungen auf, um sie an andere Großhändler weiter zu veräußern. Das trug natürlich nicht unwesentlich zum Wohlergehen der ganzen Familie bei. Als Shmuel geboren wurde, gab es in unserem Haus ein Telefon und vor dem Haus ein Automobil. Ein Koch, ein Dienstmädchen und ein Kindermädchen gehörten zu unserem Haushalt. Im Laufe der Zeit stieg der Lebensstandard, nicht nur in unserer Familie, sondern für die Juden im Allgemeinen.

22 Monate später wurde ich geboren und bekam den Namen Ďuro sowie Naftali. Unsere Eltern sagten zu Shmuel: »Du musst jetzt den Kinderwagen freimachen, denn ein neuer Kandidat ist gekommen, deinen Platz einzunehmen.«

*Die beiden Brüder Shmuel (*1931) und Naftali (*Dezember 1932) um 1934*

Unsere frühe Kindheit war glücklich und sorgenfrei. Das Nest zu verlassen, war wohl das einzige Problem, besonders wenn wir große Entfernungen zu Fuß gehen mussten. Manchmal gingen wir zwei oder drei Kilometer zu Fuß ins Zentrum von Bratislava, statt die Fähre zu nehmen, die uns in fünf oder sechs Minuten über die Donau gebracht hätte. Das Überqueren der Brücke an einem kalten und windigen Tag war kein großes Vergnügen. Nichtsdestotrotz lebten wir zu dieser Zeit wie im Paradies.

Die beiden Brüder 1936

Wir rannten und spielten im riesigen Garten, der ans Lagerhaus angrenzte. Oft gingen wir mit dem Kindermädchen auch in den großen, schönen Park, der sich ganz in der Nähe befand. Da unser Kindermädchen Deutsche war, war auch unsere Muttersprache Deutsch. Obwohl wir mit anderen Kindern in der Nachbarschaft Slowakisch sprachen, lernten wir die slowakische Sprache erst richtig in der Schule.

Neben all den Spielen, die wir als Kinder spielten, erinnern wir uns besonders daran, wie uns unser Vater das Schwimmen

Die beiden Brüder

1941

in einem kleinen See nahe der Donau beibrachte. Wir gingen dort auch gerne fischen. Unser Vater war eine recht pedantische und von uns sehr respektierte Person. Wenn er uns zurechtweisen wollte, war es nicht notwendig, lange pädagogische Reden zu schwingen. Ein Blick genügte, und wir wussten Bescheid, wussten, dass wir eine Grenze überschritten hatten oder dass es Zeit fürs Bett war. Mutter war viel sanfter, und manchmal deckte sie unsere Verfehlungen sogar.

In unserem Zuhause herrschte ein großes Maß an aufrichtiger Liebe und gegenseitigem Respekt vor. Das war ein wichtiger Teil unserer Erziehung.

Wir erinnern uns heute noch an so manchen Unfug, den wir als Kinder ausgeheckt haben. Einmal versuchte Shmuel, einen Stein in ein Wasserbecken zu werfen. Er traf mich am Kopf. Ein anderes Mal gingen wir in unseren besten Kleidern spazieren. Als wir über die Straße gingen, blieb ich mit einem Fuß in den Straßenbahnschienen stecken. Alle unsere Versuche, den Fuß wieder freizubekommen, schlugen fehl: Es gab kein Vor und kein Zurück. Schließlich mussten wir den Schuh aufschneiden, damit ich den Fuß herausziehen konnte. Das war eine ziemliche Aufregung für uns beide. Für Shmuel gehören besonders die Wanderungen entlang der Donau zu seinen eindrücklichsten Kindheitserinnerungen.

Vor dem Krieg fuhren wir oft zu Großmutter und Großvater nach Vrbové. Das war das Paradies schlechthin. Hinter dem Haus der Großeltern gab es einen Garten mit Obst, Gemüse und einem kleinen Bach.

Großmuter und alle unsere Onkel und Tanten verwöhnten uns. Immer wenn wir aufs Fahrrad stiegen, rief Großvater Gott an: »Shma Israel!«. Dort herrschte aber keine strenge Disziplin wie bei uns zu Hause. Unsere Freude kannte keine Grenzen.

Was den Besuch der öffentlichen Schule anbelangt, hier kurz Shmuels Bericht: Nur 18 Monate lang ging ich in eine Slowakische Schule. Ich schloss die erste Klasse mit Auszeichnung ab. Besonders erinnere ich mich daran, dass ich zu Schulanfang der einzige war, der bereits die Uhr lesen konnte. Zu dieser Zeit besaßen weder Lehrer noch Schüler selbst eine Armbanduhr, und es gab nur eine große Wanduhr in der Schule. Der Lehrer trug mir also auf: »Jetzt gehst du zur großen Uhr und sagst uns, wie spät es ist!« Für mich war das eine große Leistung – erstens, weil mir das die Chance bot, das Klassenzimmer zu verlassen, und zweitens erfüllte es mich mit großem Stolz. Ich erinnere mich aber auch noch gut daran, wie meine Klassenkameraden über mein Slowakisch lachten, weil ich es noch nicht so gut konnte.

Im Großen und Ganzen lebten wir bis 1938 ein ruhiges Leben. Den Sturm, der uns aus dieser glücklichen Welt hinwegfegen sollte, fühlten wir Kinder noch nicht. Für uns waren dies die einzigen Jahre eines normalen Lebens, und sie sollten jäh enden. Ab 1938 war dann nichts mehr normal. Mit Hitler an der Macht brach bald auch der Krieg aus. Er dauerte sechs lange Jahre. Nach dem Krieg übernahm ein kommunistisches Regime die Kontrolle in der Tschechoslowakei.

Kindheit und Krieg

Bratislava/Pressburg

Im Herbst 1938, als Shmuel gerade in die zweite Klasse ging, marschierten die Deutschen in Wien ein. Das war der Wendepunkt in unserem Leben. Die Verfolgung traf uns Kinder völlig überraschend und plötzlich.

Der Teil von Preßburg westlich der Donau, in dem wir lebten, sollte an Österreich bzw. die Ostmark angeschlossen werden. Alle jene, die in der Tschechoslowakei bleiben wollten, mussten über die neue Grenze auf tschechoslowakisches Territorium ziehen. Sie hatten zwei Wochen Zeit, ihre sieben Sachen zu packen und, was immer sie tragen konnten, mitzunehmen. Zu dieser kritischen Zeit war unser Vater jedoch nicht zu Hause. Er war zum Heer der Tschechoslowakei eingezogen worden. So musste meine Mutter die gesamte Last der Übersiedlung des Hauses und des Warenlagers, wie natürlich der gesamten Familie, tragen. Das Martyrium unserer Familie hatte begonnen.

Nach seiner Rückkehr aus der Armee schaffte es unser Vater, neue Geschäftsräume für die Firma zu finden. Schwer beladene Kolonnen von Karren und Wagen, die Freunde unseren Eltern zur Verfügung stellten, überquerten die Donaubrücke und transportierten das Holz und die Ausrüstung an das andere Ende der Stadt.

Wir übersiedelten in ein relativ großes Haus in Biely Kríž, einem Villenviertel am Stadtrand von Pressburg. Dieser Teil der Stadt wurde auch Dynamitka genannt, ein Name, der von dem Firmennamen »Dynamit Nobel« herrührte. In diesem Teil der Stadt waren einige Firmen mit deutschen Namen, wie z.B. Siemens, Stollwerck und dgl., ansässig.

Vater und Onkel Laci führten hier also ihre Firma weiter. Was uns Kinder betraf, gingen wir nun in diesem Stadtteil in die Grundschule. Während Shmuel mit der zweiten Klasse seine Schullaufbahn fortsetzte, begann ich mit der ersten. Außer dem Wechsel von Wohnung und Schule nahmen wir noch keine sehr gravierenden Veränderungen in unserem Leben wahr.

Das Jahr 1940 erschien uns nicht als sehr außergewöhnlich. Wir mussten uns an die neue Umgebung gewöhnen, eine neue Schule und neue Freunde, aber wir waren mit keinen speziellen Problemen oder anti-semitischen Tendenzen konfrontiert. Die Situation blieb so bis Anfang 1941.

Das erste Anzeichen der wirklichen Probleme war das Tragen des gelben Sternes auf der Kleidung, das allen Juden per Gesetz vorgeschrieben wurde[4]. Aus irgendeinem Grund waren wir Kinder von dieser Vorschrift ausgenommen. In der Schule trugen wir den gelben Aufnäher nicht. Wir wussten auch nichts über die wachsenden Feindseligkeiten gegenüber Juden. Zu dieser Zeit herrschten in der Slowakei immer noch die demokratischen Traditionen der Zeit vor 1938 vor. Doch obwohl die slowakischen Juden immer noch die diversen Kurorte als Urlauber und Kurgäste bevölkerten und die bevorstehende Katastrophe für die Juden noch nicht direkt fühlbar war, waren wir bereits Flüchtlinge.

Die erste schockierende Neuerung für uns Kinder war dann eine Verordnung, die besagte, dass jüdische Kinder öffentliche Schulen nicht mehr besuchen dürfen. Von diesem Tag an mussten wir zwei verschiedene Straßenbahnlinien nehmen, um zur jüdischen Schule zu gelangen. In dieser Schule wurden die jüdischen Kinder aus der ganzen Stadt zusammengefasst. Und das bedeutete auch, dass wir den gelben Stern tragen mussten. Auch in der jüdischen Schule fühlten wir nun, dass etwas Schlimmes und Ungewöhnliches um uns herum passierte.

Das alles war die Konsequenz der politischen Ereignisse:

des Zusammenbruchs der Tschechoslowakei nach der Besetzung Böhmens und Mährens durch das Deutsche Reich sowie der Erklärung der Slowakei zu einem »unabhängigen« Staat mit einem faschistischen Regime, das eng mit Nazideutschland kollaborierte. Der nächste Schritt, der von den Slowaken gegen die Juden unternommen wurde, war die Konfiszierung von Schmuck und anderen Wertsachen. Auch der Besitz von Radioapparaten wurde für Juden verboten. Wir wissen nicht mehr, wie unser Vater das Problem der Wertsachen löste, aber wir können uns sehr genau daran erinnern, wie er uns Kindern das Radio gab und uns sagte, wir sollten damit spielen, es auseinander nehmen und es sogar anzünden. Das war für uns natürlich ein Riesenspaß. Vor allem das Innenleben des Radiogerätes faszinierte uns besonders.

Schreckliche Nachrichten aus Wien über das Schicksal der Juden dort erreichten auch uns jetzt. Gerüchte machten die Runde, dass »Bäche von jüdischem Blut sich durch die Straßen von Wien ergossen«, dass die Juden gedemütigt und geschlagen würden und dass sie gezwungen würden, die Straßen der Stadt zu säubern. Dennoch weigerten sich die Juden in Pressburg, diesen Gerüchten Glauben zu schenken. Sie waren immer noch überzeugt davon, dass in ihrer Stadt solche Gräueltaten nicht passieren könnten, denn »da drüben ist Deutschland, und hier bei uns ist die unabhängige Slowakei.«

Bei uns zu Hause mangelte es uns noch an nichts. Es wurde aber ein weiteres Gesetz erlassen: Alle Firmen und Immobilien bzw. Grund und Boden im Besitz von Juden mussten an Nichtjuden übergeben werden. Plötzlich tauchte bei uns ein nichtjüdischer »Arisierer« namens Štefanovič auf. Er teilte meinem Vater kurz und bündig mit: »Von nun an leite ich die Firma, und du arbeitest für mich.« Für meinen Vater war das ein schwerer Schlag, der ihn aus heiterem Himmel traf. Er erlitt einen Schlaganfall, teilweise Lähmungserscheinungen waren die Folge. Sein Zustand wurde in der Familie natürlich mit großer Sorge gesehen. Zum Glück war es, wie sich mit der Zeit herausstellen sollte, nur ein leichter Schlaganfall, und er erholte sich fast vollkommen davon; nur eine kleine Augenschädigung blieb.

Nové Mesto

Zu dieser Zeit hatte auch eine neue bedrückende Realität konkrete Auswirkungen: Obwohl die Familie über Ersparnisse verfügte, mussten wir unseren Gürtel enger schnallen.

Eine weitere, neue Order wurde veröffentlicht: Juden wurde es untersagt, in größeren Städten ihren Wohnsitz zu haben. Das bedeutete, dass wir Pressburg verlassen mussten.

Wir versuchten, etwas Zeit zu gewinnen, aber es half alles nichts. Wir übersiedelten also nach Nové Mesto, zu Tante Lidia. Sie war zu diesem Zeitpunkt bereits Witwe. In ihrem kleinen Zuhause taten wir unser Bestes, um uns auf ein Leben unter neuen veränderten Bedingungen einzustellen. Shmuel ging fünf Monate lang an einer Yeshiva[5] zur Schule, und ich besuchte eine andere jüdische Schule. Ich erinnere mich noch an meinen Lehrer, Herrn Frieder, der mich einmal mit dem Lineal schlug. Der Grund: Ich hatte in der Musikstunde falsch gesungen. Herr Frieder lebt heute in Netaniya und ist eine pädagogische Autorität.

Während unserer Zeit in Nové Mesto haben die Slowaken weitere Maßnahmen der Unterdrückung eingeführt: Juden mussten Anzüge und Pelzmäntel abgeben. Mein Vater reagierte wie zuvor mit dem Radioapparat. Er warf diese Kleidungsstücke einfach weg, bevor sie konfisziert werden konnten. In diesen Dingen war er wirklich konsequent.

Ab März 1942 gingen die ersten Judentransporte nach Polen. Zu Beginn glaubte noch jeder, dass die Menschen in Arbeitslager gebracht würden, dies vor allem darum, weil doch junge Frauen die ersten Deportierten waren. Die slowakische »Hlinková Garda« (Hlinka-Garde) führte die Transporte durch.

Sie jagte die Juden, sammelten sie, verlud sie auf Zugwaggons und transportierte sie in den Osten. Es waren in Wirklichkeit die Leute der Hlinka-Garde, die all die Unterdrückungsmaßnahmen gegen die Juden der Slowakei übernahmen, und nicht die deutschen Nazis. Die Slowakei bezahlte dem Deutschen Reich sogar 500 Reichsmark für jeden in die Todeslager deportierten Juden. Die einzige Bedingung war, dass diese nie wieder zurückkehren durften. Die Nichtjuden, die die Geschäfte und Firmen von den Juden übernahmen – ohne dafür etwas bezahlen zu müssen –, mussten Mitglieder der Hlinka-Partei sein.

In den folgenden Monaten gingen die Deportationen der Juden rasch weiter. Bei jeder Suchaktion gegen Juden, sie wurden als Razzien bezeichnet, wechselten wir unseren Aufenthaltsort, um einer Gefangennahme zu entkommen.

Zu dieser Zeit wurden Onkel Laci, seine Frau Stela und seine Tochter Marika in Pressburg inhaftiert. Die ganze Familie ließ nichts unversucht, um sie zu befreien. Aber es half alles nichts. 1942 wurden sie in ein Todescamp nach Polen deportiert.

Onkel Laci hatte jedoch schon vor diesen tragischen Ereignissen die düsteren Tage, die auf uns zukommen sollten, gefühlt. Er hatte befürchtet, dass er möglicherweise nicht in der Lage sein könnte, meine Bar Mitzvah mit uns zu feiern. Er hatte mir das auch gesagt und mir schon im Voraus eine goldene Schaffhauser Uhr als Geschenk für meine Bar Mitzvah übergeben. Wie durch ein Wunder überdauerte diese Uhr alle Widrigkeiten. Viele Jahre später überreichte ich sie meinem Enkel Tom zu seiner Bar Mitzvah als Symbol der Liebe und Kontinuität.

Das Lager von Sered[6]

Unter diesen Umständen waren wir nicht mehr in der Lage, den Verfolgungen zu widerstehen. Wir fanden, dass wir ihnen noch ein oder zwei mal entkommen konnten, aber dass wir schließlich doch alle gefangen genommen würden. Jede unserer alltäglichen Handlungen war riskant. Überall gab es Beschränkungen, speziell was das Reisen anging. In den Zügen gab es Kontrollen und auf den Straßen Blockaden. Unserem Vater wurde dann von einem Arbeitslager, das sich gerade im Aufbau befand, berichtet. Die Verwaltung dieses Lagers sei überdies auf der Suche nach geschulten Fachkräften. Eine große Tischlerei war unter den Werkstätten, die hier vorgesehen waren. Da er sich mit Holz aller Art gut auskannte, traf er die Entscheidung, in dieses Lager zu gehen. Natürlich konnte er nicht vorhersehen, dass sich dieses Lager später zu einem Anhalte- und Deportationslager entwickeln sollte. Vor der endgültigen Entscheidung wurde die Sache in unserer Familie gründlich besprochen. Wir dachten zu dieser Zeit einfach, dass das Lager der beste Weg war, unser aller Leben zu retten. Da wir freiwillig ins Lager gingen, hatten wir Anspruch auf eine »Gelbe Karte«. Diese ermöglichte es Juden, in der Slowakei zu bleiben, ohne ausgewiesen zu werden. Im Großen und Ganzen wurde diese Art der Bescheinigung denjenigen Juden ausgestellt, deren Fähigkeiten für die slowakische Wirtschaft von zentraler Bedeutung waren.

Ende 1942, als die meisten slowakischen Juden bereits nach Polen deportiert worden waren, befanden wir uns immer noch in der Slowakei. Wir kamen in das Lager von Sered ziemlich genau zu jener Zeit, als es zu einem Anhaltelager für jene Juden wurde, die nach ihrer Erfassung und Selektion nach Polen deportiert wurden. Jede Woche verließen zwei oder drei Transporte Sered in Richtung Auschwitz.

Das Lager lag an der Bahnlinie nahe der Stadt Sered, ca. achtzig Kilometer östlich von Pressburg. Im Lager selbst befanden sich Wohnbaracken, eine große Tischlerei sowie andere Werkstätten. Ein Krankenhaus gab es in der Nähe.

Lager Sered

Bei unserer Ankunft wurde uns für die ganze Familie ein Zimmer von drei mal vier Metern zugeteilt. Keine Toilette oder fließendes Wasser. Dieses Zimmer befand sich in der Baracke Nummer eins, in der alle Funktionsträger untergebracht waren – die Leitung der Tischlerei und der Schlosserei, der Polizeichef und andere mehr.

Wir passten uns langsam an die harten Bedingungen im Lager an. Das Schlimmste waren aber die schrecklichen und Angst einflößenden Szenen der abgehenden Transporte.

Die slowakischen Behörden organisierten diese Deportationen. Dennoch wurden auch Flucht- und Rettungsversuche unternommen. Sehr oft endeten diese in harten Strafmaßnahmen wie Prügel, Folter oder Tod.

Im Lager selbst trafen wir auf Familien und Freunde, die wir von früher kannten. Wir versuchten, manchen zu helfen. Ohne Erfolg. Man muss sich heute auch immer darüber im Klaren sein, dass jede Person im Lager jederzeit die Gefahr vor Augen hatte, deportiert zu werden. Diese Situation war dann besonders gefährlich, wenn bestimmte Quoten erfüllt werden mussten. Dann wurden auch scheinbar geschützte und sichere Personen mitdeportiert.

Die Hlinka-Garde organisierte und plante die Transporte besonders gerne an hohen jüdischen Feiertagen. Wir erinnern uns besonders an Yom Kippur 1944. Einige orthodoxe Juden, die wir aus Vrbové kannten, fasteten und beteten den ganzen Tag. Am Abend dieses Tages wurde eine größere Gruppe von Juden zum Appell zitiert, um dann deportiert zu werden. Unter ihnen war auch ein guter Freund, Laci Manheim, ein sehr gläubiger und anständiger Mann. Trotz seiner Gebete und seinem Fasten wurde er deportiert, hungrig und gedemütigt. Dies war sicherlich einer der schrecklichsten Transporte.

Dieser Zustand der Angst und des Schreckens dauerte ein ganzes Jahr lang an. Die Männer der Hlinka-Garde waren grausam. Schon ihnen zu begegnen oder sie nur zu sehen, erfüllte uns mit Angst und Panik.

Gegen Ende des Jahres 1942 wurden die Deportationen vorerst einmal eingestellt. Dies war auf einige diplomatische Interventionen sowie auf Order aus Deutschland zurückzuführen. Das Lager wurde wieder zu dem, was es ursprünglich sein sollte: ein Arbeitslager für alle, die sich darin aufhielten und darin blieben. Wir konnten wieder zu einem »normalen Leben« zurückkehren. Trotz der fürchterlichen Wohnsituation und der miserablen Verpflegung fügten wir uns erneut in das Leben im Lager ein.

Bereits 1942 wussten unsere Eltern über das Ziel der Transporte Bescheid. Informationen darüber erhielten sie von Juden, die aus Auschwitz oder anderen Lagern entkommen waren. Diese berichteten detailliert über das Schicksal der Juden in Polen. Wir wussten natürlich nur Bruchstücke der ganzen Wahrheit. Aber sogar diejenigen, die informiert waren, konnten es kaum fassen und es sich nicht vorstellen, dass solch fürchterliche Dinge tatsächlich passieren konnten.

Einmal wurde Juden auch das Angebot gemacht, zum Christentum zu konvertieren. Manche taten es. Aus irgendeinem Grund hat unser Vater eine Konvertierung jedoch nicht in Betracht gezogen. Unsere Familie war, was die jüdischen

Regeln betrifft, nie besonders strikt, ein solcher Schritt widersprach jedoch seinem Charakter und seinen Prinzipien. Er war ein stolzer Mann und Jude. Darüber hinaus glaubte er nicht, dass es irgendjemanden retten würde, wenn er oder sie ein Christ wurde.

Das Verhalten und Vorbild unserer Eltern half uns, uns an die harten Lebensbedingungen im Lager anzupassen. Sie ließen in uns nie das Gefühl von Angst oder Jammer aufkommen. Es ist ihnen zu verdanken, dass wir vom ersten Tag an im Lager nie wirklich ein Gefühl von Angst hatten. Wir lebten im Gefüge unserer Familie, getragen durch die Liebe und Führung unserer Eltern. Sogar die scheußlichsten Erlebnisse, als z.B. einmal ein Hlinka-Gardist einen Mann demütigte, indem er ihn anbrüllte »Nieder, hoch, nieder, hoch!« und in anschließend erschoss, haben uns wegen der in unserer Familie vorherrschenden Atmosphäre von Glück und Harmonie nicht mit Furcht erfüllt.

Es gab Zeiten mit ausreichend Nahrung, während es zu anderen Zeitpunkten nichts zu essen gab. Wir haben uns jedoch nie über unser Schicksal beklagt. Unsere Mutter hat immer alles sauber und ordentlich gehalten. Sie erledigte die Wäsche, und unser kleiner Haushalt musste sauber sein. Im ganzen Lager gab es Wanzen, und viele der Insassen haben sie als eine Tatsache einfach hingenommen. Ganz im Gegensatz zu unseren Eltern. Einmal pro Woche wurde jeder Gegenstand aus unserem Zimmer getragen und alles gereinigt. Wir haben die Betten und andere Möbel auseinander genommen, haben die Polsterung abgebürstet und haben auch das Stroh in den Matratzen erneuert. Nichts wurde wieder in den Raum zurückgestellt, es sei denn, es war sauber und blank geputzt. Wenn wir sieben Tage in der Woche arbeiten mussten, erledigten wir das Putzen nach der Arbeit. Die strikten Sauberkeitsregeln in unserer Familie waren uns eine große Hilfe und haben uns vor allem vor Problemen und auch Krankheiten bewahrt.

Das Lager von Sered war die akuteste Veränderung im Leben unserer Familie. Wir hatten ein großes Haus zurückgelassen, mit Dienst- und Kindermädchen, einem Auto. Das alles für ein winziges Zimmer. Es muss jedoch auch erwähnt werden, dass die Menschen um uns herum unter noch viel härteren Bedingungen leben mussten. Wir hatten Glück, waren wir doch unter den ersten, die ins Lager gekommen waren. Und unser Vater hatte eine führende Position inne. In anderen Baracken mussten sich zwei oder sogar drei Familien ein Zimmer teilen. Einzelpersonen lebten zu Dutzenden in einem Raum, der kaum größer war als der unsere.

Wir erhielten auch Hilfe von außen. Ein junger Nichtjude, Jožko Benialuk, der früher einmal für meinen Onkel in Nové Mesto gearbeitet hatte, kam gelegentlich zu einem Treffpunkt am Lagerzaun und brachte uns Lebensmittel und andere Dinge.

Bis Ende 1943 ging das Leben im Lager in relativer Stabilität weiter. Bis August 1944 trug der Ertrag von den im Lager hergestellten Produkten nicht unerheblich zur slowakischen Wirtschaft bei, in einem viel größeren Ausmaß, als ursprünglich für ein einziges Lager prognostiziert worden war. Das war zum Teil auf die Aufopferung der Insassen zurückzuführen. Sie waren Experten aus diversen Handwerksberufen, und sie arbeiteten von früh bis spät.

Neben der Arbeit standen auch kulturelle Veranstaltungen wie Gedichtlesungen und Fußballspiele auf der Tagesordnung. Im Lager gab es sogar ein kleines Schwimmbad. Hie und da bekamen wir die Erlaubnis, darin zu schwimmen. Zwischen jungen Männern und Frauen bahnten sich diverse Liebesaffären an.

Zu dieser Zeit, nach der Wende an der Ostfront und dem Vormarsch der Roten Armee, schöpften die Menschen wieder neue Hoffnung in ihren Herzen. Die BBC berichtete über die sich verschlechternde Situation in Deutschland und über den Rückzug der Wehrmacht. Wir sahen sogar amerikanische Flugzeuge auf ihrem Weg zur Bombardierung Deutschlands, und alle glaubten zu fühlen, dass wir kurz vor einer grundlegenden Veränderung stünden. Die Juden, die außerhalb der Arbeitslager leben konnten, konnten einen recht vernünftigen Lebensunterhalt erzielen und sich so selbst versorgen. Die Slowakei durchlebte eine Periode der Ruhe.

Wir blieben in dieser Zeit auch mit den Familienmitgliedern außerhalb des Lagers im Kontakt. Durch Bestechung der Wachen konnten Shmuel und ich das Lager zur Erholung oder für medizinische Behandlungen sogar kurzzeitig verlassen. In dieser Wirklichkeit war ein Spaziergang durch einen Wald oder das Betreten eines normalen Geschäfts ein Erlebnis außerhalb unserer Vorstellungswelt. Solch ein besonderes Vergnügen konnte es auch nur 1943 geben, einem Jahr relativer Ruhe. Als Gegenleistung für eine Dampfmaschine, die Onkel Arpad dem Lager spendiert hatte, konnte unsere Mutter einmal auf einen einwöchigen Urlaub gehen. Und natürlich dürfen wir nicht vergessen, dass unser Vater für das Holz in der Tischlerei verantwortlich zeichnete. Das Nutzholz wurde per Zug am Bahnhof, der sich am Stadtrand befand, angeliefert. Er übernahm und entlud die Ware. Sie wurde dann ins Lager überstellt. Für diese Anlässe erhielt er eine Spezialgenehmigung, um das Lager verlassen zu dürfen.

Das nahe gelegene Krankenhaus war eine wichtige Einrichtung. Vor dem Krieg hatte es ein jüdisches Krankenhaus in Bratislava gegeben. Die gesamten medizinischen Einrichtungen dieses Krankenhauses waren dann aber nach Sered verlegt worden. Während unserer Zeit im Lager von Sered musste sich Shmuel einmal in diesem Krankenhaus einer Blinddarmoperation unterziehen. Die Nähe dieses Hospitals rettete sein Leben.

Jedes Kind über 12 Jahre musste mindestens vier Stunden pro Tag arbeiten. Dennoch fanden wir genügend Zeit, um neue Freundschaften zu schließen und mit anderen Kindern zu spielen. Unsere Vorbilder waren eine Gruppe von gut organisierten jungen Erwachsenen, alles Mitglieder von zionistischen Jugendorganisationen. Für uns waren sie ein Muster an Solidarität und Zusammenhalt. Wir wussten von ihren Verbindungen zum Untergrund, welcher später konkrete Auswirkungen haben sollte: Bei der Befreiung des Lagers gingen viele aus dieser Gruppe zu den Partisanen und kämpften in ihren Reihen.

In dieser ruhigen Zeit lebten ca. eintausend Menschen im Lager. Jeder Person wurde eine bestimmte Arbeit in einem der Betriebe zugeteilt – der Tischlerei, der Schmiede, der Wäscherei und der Küche. Zusätzlich gab es noch kleinere Werkstätten. In ihnen wurde genäht, wurden Körbe geflochten, Serviettenhalter hergestellt, Töpfereiwaren, Holzprodukte und anderes Kunsthandwerk produziert. Da unsere Mutter eine sehr gute Hand für das Verzieren von Dingen hatte, wurde ihr die Aufgabe übertragen, all die erwähnten Produkte zu ornamentieren. Heute betreibt meine Tochter Ronit eine Töpferwerkstätte. Sie entwirft, bemalt und verziert Töpfereiartikel. Wir glauben, dass sie dieses Talent von ihrer Großmutter geerbt hat.

Im Februar 1944 war Shmuel 13 Jahre alt. Unter großen Anstrengungen und trotz aller Schwierigkeiten schafften es unsere Eltern, eine Feier für seine Bar-Mitzvah zu organisieren. Unser Klassenzimmer wurde für einen Tag zur Synagoge und dort las Shmuel auch den Haftarah[7]. Erfrischungen wurden von den Familienmitgliedern, die außerhalb des Lagers lebten, beigesteuert.

Zu dieser Zeit wurden aber die Lebensbedingungen für Onkel Arpad und seine Familie untragbar. Sie gelangten zur Entscheidung, dass sie ins Lager ziehen und dort untertauchen würden. Dies war nur eine Übergangslösung. Nach sechs Monaten verließen sie das Lager wieder, kurz vor dem Slowakischen Aufstand.

Der Slowakische Aufstand

Im August 1944 wurde für die Menschen im Lager immer mehr spürbar, dass etwas in der Luft lag. Gerüchte über einen von der Kommunistischen Partei und »Progressiven Kräften« geführten Aufstand gegen das faschistische Regime gingen um.[8] Da die Rote Armee bereits in der Nähe der slowakischen Ostgrenzen stand, bestand auch die Hoffnung, dass die Russen eine beginnende Erhebung unterstützen und fördern würden.

Rückblickend kann man sagen, dass dieser Aufstand das moralische Ansehen der Slowaken gewahrt hat. Trotz der Kollaboration mit den Deutschen hatten sie die Seiten gewechselt und sich als Rebellen gegen das faschistische Regime präsentiert. Am Ende des Krieges hat die Slowakei dann weitgehend von diesem Aufstand profitiert.

Eines Morgens sagte Vater zu jedem einzelnen von uns: »Um elf Uhr gehst du zum Lagerzaun, kletterst darüber, und dann gehst du nach Sered zur Familie.« Wir bekamen die Adresse eines uns bekannten Holzhändlers, und dies sollte der Treffpunkt für die ganze Familie sein. Es wurde uns eingeschärft, langsam zu gehen und keine auffälligen Bewegungen zu machen. Shmuel und ich überwanden den Zaun. Voller Angst gingen wir dann in angemessenem Abstand voneinander weiter. Als wir beim Haus des Holzhändlers ankamen, hießen er und seine Familie uns willkommen. Unsere Eltern kamen am Abend an. Plötzlich stürmte ein bewaffneter Mann ins Haus. Wir konnten nicht fassen, was da gerade vor sich ging. Später erfuhren wir, dass er ein französischer Partisan war und vor den Deutschen auf der Flucht war.

Am folgenden Tag begann der Slowakische Aufstand.

Bevor wir mit unserer Familiengeschichte fortfahren, möchten wir ein paar Dinge zum Aufstand ausführen.

Die Mehrheit der slowakischen Bevölkerung war katholisch, es existierte jedoch auch eine beachtliche evangelische

Minderheit. Diese war nicht so extrem nationalistisch eingestellt wie die katholische Mehrheit, und auch ihr Antisemitismus war geringer ausgeprägt.

Was die alliierten Truppen betrifft, so begünstigten und unterstützten diese Widerstands- und Untergrundgruppen in allen Ländern unter faschistischer Herrschaft. Dies war auch in der Slowakei der Fall. Innerhalb der Widerstandsgruppen übernahmen die Kommunisten den Löwenanteil der Aufbauarbeit. Die Kommunistische Partei hatte in der Tschechoslowakei zusammen mit den Sozialdemokraten schon seit den frühen 1920er-Jahren bestanden. Nach und nach wuchsen die meisten Mitglieder dieser politischen Gruppierungen ins System hinein, während einige wenige dagegen opponierten. Es entwickelte sich eine neue und authentische Führung. Das waren genau diejenigen Personen, die dann den Widerstand gegen die mit den Deutschen kollaborierende Regierung anführen sollten.

Zu einem bestimmten Zeitpunkt des Aufstandes unterstützten ihn auch die Russen, primär durch Führungsoffiziere auf dem Gebiet der Ausbildung und Bewaffnung. Es kamen jedoch faktisch keine russischen Offiziere oder Kampfsoldaten.

Eine tschechoslowakische Einheit nahm andererseits auf Seiten der Roten Armee aktiv am Krieg teil. An der Westfront kämpfte eine tschechoslowakische Luftstaffel innerhalb der britischen Royal Air Force.

1944 war die deutsche Armee bereits auf dem Rückzug. Frankreich war befreit, eben so die größten Teile von Westeuropa wie auch Teile von Ungarn. Die Alliierten machten gute Fortschritte auf allen Frontabschnitten. Im Großen und Ganzen bedeutete die allgemeine politische und militärische Lage wohl eine gute Voraussetzung für einen Aufstand in der Slowakei.

Zwei Tage nach Beginn der Erhebung jedoch stürmten die Deutschen die Slowakei und erstickten diesen Aufstand.

Zu dieser Zeit wurde das Lager von Sered aufgelöst. Die

Mitglieder der Hlinka-Garde flohen, und die Juden des Lagers zerstreuten sich in alle Winde.

Unsere Eltern entschlossen sich, Sered zu verlassen und nach Piešťany zu gehen. Dort lebten immer noch Großmutter und Onkel Arpad. Vater suchte einen PKW, aber das einzige verfügbare Auto war ein Taxi. Als wir also alle im Taxi auf unserem Weg nach Piešťany saßen, trafen wir auf deutsche Truppen, die in die entgegengesetzte Richtung fuhren. Da wir uns der Gefahr sehr bewusst waren, fürchteten wir das Schlimmste: dass wir von den blutrünstigen Deutschen gefasst würden.

Flucht nach Piešťany

Wir brachen nach Piešťany auf, voller Hoffnung, dass wir dort einen Ort der Erholung und der Zuflucht finden würden. Als wir in der Stadt ankamen, mussten wir erkennen, dass die Lage dort fürchterlich war. Die ganze Stadt war von den Deutschen besetzt. Genau genommen waren wir direkt in der Höhle des Löwen gelandet. Wir hatten bereits befreites Gebiet verlassen und waren direkt in die besetzte Stadt gekommen. Unmittelbar nach der Einnahme von Piešťany durch die Deutschen hatte die Jagd auf die Juden begonnen. Alle Gelben Karten und andere schützende Dokumente wurden für ungültig erklärt. Ein unmissverständlicher Befehl wurde herausgegeben: Alle Juden der Slowakei sollten in die Todeslager geschickt werden.

Wir fürchteten sowohl die Deutschen als auch die slowakische Hlinka-Garde. Schon während unserer ersten Nacht in Piešťany mussten wir uns verstecken, fanden jedoch keinen geeigneten Ort. Wir kamen in der Šererovastraße, in der meine Großmutter lebte, an. Ihre Nachbarn von gegenüber boten uns ihren Dachboden als vorläufigen Zufluchtsort an. Wir blieben zwei Nächte lang, unter unerträglichen Bedingungen. Der Raum war winzig und sehr niedrig. Wir konnten kaum hocken, gar nicht zu denken an aufrecht stehen. Vater durfte wegen seines Schnarchens nicht schlafen, und Mutter konnte nicht schlafen, weil sie ihn wachhalten musste, und wir alle fürchteten, dass man ihn hören könnte. Das war ein fürchterliches Erlebnis! Unsere Eltern beschlossen, dass wir uns aufteilen mussten, da es unmöglich schien, für eine vierköpfige Familie ein geeignetes Versteck zu finden. Wir trennten uns also.

Shmuel: Mutter und ich wurden auf die andere Seite des Flusses geschickt, um nach einem sicheren Platz bei Nichtjuden zu suchen. Wir liefen uns über einen Tag lang die Hacken ab, konnten aber einfach nichts finden. Wir hatten nicht genügend Geld, um die Summen, die gefordert wurden, zu bezahlen. Unverrichteter Dinge kehrten wir nach Pieštany zurück. Obwohl wir uns des Risikos bewusst waren, blieben wir beisammen und trafen uns im Hause meiner Großmutter. Unsere einzige Sorge galt dem Überleben. Nach zwei Tagen gingen Mutter und ich zu einer Bekannten von ihr, Frau Quinter.

Später waren Frau Quinter und meine Mutter zusammen in einem Konzentrationslager in Deutschland. Sie wurde gemeinsam befreit und blieben auch später gute Freundinnen. Heute lebt Frau Quinter in Nove Mesto. Sie ist neunzig Jahre alt, und wir telefonieren mit ihr von Zeit zu Zeit. Ihre Tochter Eva lebt in der Nähe von Prag.

Mutter und ich wurden von der Hlinka-Garde in Frau Quinters Wohnung verhaftet. Sie übergaben uns umgehend der Gestapo.

Alle gefassten Juden wurden eingehend verhört. Die Beamten der Gestapo versuchten, über den Verbleib von Juden und ihren Besitz Informationen von der lokalen Bevölkerung zu erlangen. Unser Verhör dauerte nicht lange, da wir dem Untersuchungsbeamten nur sagten, dass wir aus dem Lager von Sered stammten und dass wir keine Verwanden in der Stadt hätten.

Dort sah ich zum ersten Mal in meinem Leben, wie Männer und Frauen gefoltert wurden. Die Gefolterten bluteten und spuckten ihre ausgeschlagenen Zähne aus, als sie aus dem Verhörraum kamen. Die Verhöre fanden meist in der Nacht statt, und man kann die ganze Prozedur nur als äußerst unmenschliche Misshandlung bezeichnen.

Zwei Tage später wurde uns mitgeteilt, dass wir nach Sered überstellt würden. Wir waren froh darüber. Verglichen mit dem, was wir in den Tagen zuvor erlebt hatten, erschien uns Sered wie ein Paradies. Zu dieser Zeit wussten wir aber nicht, dass sich die Verhältnisse in Sered in der Zwischenzeit völlig verändert hatten.

Naftali: Ich sollte meinen Vater im Hotel Termia in Pieštany treffen. Bevor ich dort ankam, erfuhr ich, dass Mutter und Shmuel verhaftet worden waren. Ich musste ihm die schlechte Nachricht überbringen. Als ich das tat, weinte er voll Verzweiflung: »Shma Israel! Shma Israel!«[9]

Vater und ich kehrten ins Haus meiner Großmutter zurück. Wir erfuhren, dass Shmuel seine besten Schuhe zur Reparatur zum Schuster gegeben hatte. Wir wussten aber auch, dass er gar keine anderen Schuhe besaß. Irgendwie fanden wir heraus, in welchem Gefängnis Mutter und Shmuel festgehalten wurden. Wir holten seine Schuhe beim Schuster ab und versuchten, sie Shmuel im Gefängnis zukommen zu lassen. Es war uns jedoch nicht möglich, mit einem der Inhaftierten direkt in Kontakt zu treten. Mutter und Shmuel waren drinnen, und Vater und ich waren draußen, völlig hilflos. Der Kontakt war abgeschnitten, und wir hatten keine Ahnung, was uns erwarten sollte.

Zwei Tage später schickte mich Vater in die Stadt. Als ich die Šererovastraße entlang ging, fuhr ein Lastwagen mit Männern von der Hlinka-Garde direkt auf mich zu. Instinktiv versteckte ich mich sofort hinter dem Eingangsstor des nächsten Gebäudes und wartete, was sie tun würden. Der LKW blieb vor dem Haus meiner Großmutter stehen. Ich wusste nicht, was ich tun sollte. Sollte ich zum Haus zurück laufen? Mich vielleicht verstecken oder einfach davon laufen? Ich wusste, dass Vater und Großmutter zu Hause waren. Ich überlegte immer noch, als ein Nichtjude von der anderen Straßenseite auf mich zeigte und schrie: »Da ist er! Er versucht sich zu verstecken!« Sie fassten mich und hievten mich auf den Lastwagen. Ich hörte Schüsse, konnte aber nicht mehr erfassen, was da gerade passierte. Später erfuhr ich folgendes: Da Vater wusste, dass ich nicht im Haus war, sprang er über einen hohen Zaun und rannte in Richtung Bahnhof. Dieser befand sich fünf- oder sechshundert Meter vor ihm. Die Hlinka-Gardisten schossen ihm hinterher. Sie trafen ihn nicht.

Großmutter blieb im Haus und versteckte sich in einer Mehltruhe. Die Häscher fanden sie jedoch sehr schnell und zerrten sie – sie war voll Mehl und ganz weiß – auf die Straße und zu mir auf den LKW. Sie fuhren uns als erstes zur Polizeiwache und später ins Gefängnis. Ich hoffte, dort Mutter und Shmuel zu treffen, sie waren aber nicht mehr dort. Großmutter durchlitt das fürchterliche Procedere, das Shmuel bereits beschrieben hatte. Für mich waren diese Tage sehr traumatisch. Von einer Minute zur nächsten war ich allein, ohne meine Eltern und ohne meinen Bruder Shmuel. Es war entsetzlich!

Wir wurden ebenfalls nach Sered gebracht. Wie zu erwarten, wurden wir auf direktem Wege in dieselbe Baracke, in der wir zuvor gelebt hatten, gebracht. Dort trafen wir Mutter und Shmuel.

Der Holocaust

Wieder in Sered

In Sered war beinahe die ganze Familie wieder vereint, wir vermissten jedoch Vater. Einige Zeit nach unserer Ankunft hörten wir, dass er es in Pieštany bis zum Bahnhof geschafft hatte und den Kugeln der Hlinka-Garden entkommen war. Er schloss sich den Partisanen an, wo er auch Onkel Rudi und Frau Quinters Mann traf.

In der Zwischenzeit wurde Sered in ein Konzentrationslager umgewandelt. Die Deportationen setzten wieder ein und damit auch unser Überlebenskampf. Wir taten unser bestes, um uns an die neuen Umstände anzupassen.

Shmuel und ich arbeiteten wieder in der Tischlerei. Mutter arbeitete ebenfalls, wir können uns jedoch nicht mehr daran erinnern, woraus ihre Arbeit genau bestand.

In der Tischlerei hatte ich ein mir unvergessliches Erlebnis: Eines Tages, als ich gerade damit beschäftigt war, eines der dort produzierten Holzpferdchen zu spachteln und zu schleifen, kamen zwei Besucher in die Werkstadt – Adolf Eichmann und Alois Brunner. Brunner war für die Deportationen aus der Slowakei verantwortlich, und Eichmann war der Leiter der deutschen Endlösungspolitik insgesamt – d.h. der Auslöschung der Juden. Sie standen beide neben mir und sahen mir bei der Arbeit zu. Ich glaube, sie haben mich sogar etwas gefragt.

In Sered trafen wir viele Bekannte wieder. Eines Abends kam ein Transport von neuen Häftlingen im Lager an. Tante Elvira war dabei, zusammen mit ihrer Familie. Es war das letzte Mal, dass wir sie sahen. Am folgenden Tag wurde sie nach Polen deportiert. Es war uns unmöglich, sie zu retten.

Da wir zu den ersten Insassen gehörten, die wieder in dieses Lager zurück gebracht wurden, war unser Status sozusagen der von dauerhaften Bewohnern. Dies war jedoch in Wirklichkeit eine Illusion, denn wann immer eine bestimmte Quote für einen Deportationszug erfüllt werden musste, wurde von den Verantwortlichen wahllos jeder für diesen Zweck bestimmt. Andererseits wurden zu diesem Zeitpunkt vorerst nur Neuankömmlinge deportiert, und wir hatten das Glück, in Sered bleiben zu können.

Die Ordnung im Lager, das sowohl von Deutschen wie auch von Slowaken geführt wurde, hatte sich völlig verändert. Appelle der zu Deportierenden waren an der Tagesordnung. Die Fluchtversuche häuften sich zunehmend, und daher wurden harte Strafen eingeführt. Sogar diejenigen, die versuchten, sich heimlich von einer zur nächsten Baracke zu schmuggeln, wurden erschossen und getötet.

Einmal kamen zehn Männer ins Lager, um Waren zu liefern. Einer von ihnen flüchtete und kehrte nicht zurück. Die neun anderen wurden gezwungen, sich nackt vor dem Gebäude der Lagerleitung aufzustellen. Dort wurden sie gefoltert, um von ihnen Informationen über den Verbleib des Geflüchteten herauszupressen. Sie sagten nichts. In der Folge wurde um Mitternacht das gesamte Lager zusammengetrommelt, und alle mussten in weiten Kreisen im Lager umherlaufen. Wir vier rannten, wie alle anderen. Die Deutschen standen auf der Seite mit Peitschen in ihren Händen und schlugen auf die Laufenden ein. Menschen fielen und brachen zusammen. Sie peinigten uns drei oder vier Stunden lang. Zu unserem großen Glück zog uns der Chef der Wäscherei, ein Bekannter unserer Mutter, aus der Reihe der Laufenden und versteckte uns bis zum Morgen in der Wäscherei.

Die Appelle fanden immer wieder statt. Jedes Mal überlegten wir uns ganz genau, wie wir uns verhalten sollten. Wie sollten wir stehen? Wer in der ersten Reihe? Sollten wir uns hintereinander aufstellen? Unser einziges Ziel war es, der Deportation zu entkommen. Die Selektionen für die Deportationen waren jedoch völlig willkürlich. Der Kommandant brüllte zum Beispiel: »Jede vierte Reihe – los geht's!«

Einmal schafften wir es, der Deportation zu entkommen, in dem wir das Durcheinander beim Appell ausnützten. Shmuels Einfallsreichtum rettete uns. Es war bei Tagesanbruch. Wir rannten einfach aus der Reihe der zu Deportierenden auf die andere Seite des Appellplatzes zu der Gruppe der Juden, die im Lager bleiben sollten. Wir behaupteten einfach, dass man uns dorthin geschickt hätte.

Zu dieser Zeit wurde die Jagd auf die Juden der Slowakei weiter intensiviert. Die Zahl der Juden nahm daher immer mehr ab, die Quoten für die Deportationen blieben aber gleich hoch. Das Ziel war klar: Wir alle waren für die Vertreibung bestimmt.

Dann kam einer der traurigsten Tage. Wir vier – Großmutter, Mutter, Shmuel und ich – standen zum Appell. Alois Brunner hatte das Kommando, und er führte auch selbst die Selektion durch. Shmuel und ich waren beide blond. Mutter, sie war eine groß gewachsene und schöne Frau mit einer Stülpnase, war ebenfalls blond. Brunner konnte es anscheinend nicht fassen, dass es Juden mit solch arischem Äußeren geben konnte. Er ging auf uns zu und stellte fest: »Ihr seid Mischlinge, nicht?« Shmuel behielt die Nerven und antwortete auf Deutsch: »Das ist richtig, und wir haben daher auch keine Ahnung, warum man uns hier schon so lange festhält.« Brunner befahl daraufhin unsere Überstellung zur Gruppe der gemischten Familien. Wir ahnten, dass Großmutter die Ereignisse richtig gedeutet hatte, denn sie schlug vor, dass Mutter bei ihren Kindern bleiben solle und dass sie zurückbleiben würde. Das war das letzte Mal, dass wir sie sahen. Wäre sie nämlich als Teil unserer Familie erkannt worden, wir wären alle in den sicheren Tod gegangen. Sie war dreiundsechzig Jahre alt, als sie deportiert wurde, am Zenit ihrer Weisheit und Kraft. Unsere Trennung von ihr war ein traumatisches Ereignis. Dieser schreckliche Moment ist zeitlebens in unserer Erinnerung eingebrannt geblieben. Es ist uns auf der rationalen Ebene bewusst, dass dies in dem Moment der einzige vernünftige Weg war. Gefühlsmäßig war es jedoch ein äußerst schockierendes Erlebnis. Der tragische Ausgang dieses Ereignisses verfolgte Mutter bis zu ihrem Lebensende.

Wir wurden in ein Gebäude nahe der Speisebaracke gebracht. In diesem waren alle gemischtrassigen Familien untergebracht. Einige Bewohner dieses Blocks, die uns von früher kannten, begannen zu schimpfen: »Im Gegensatz zu euch sind wir alle aus gemischt jüdisch-arischen Familien. Eure Falschheit wird uns noch alle ins Verderben stürzen.« Wir sagten nur: »Wir sind nicht hier, um euch zu schaden!«

Auf diese Art und Weise entkamen wir dieser einen Deportation.

Wir richteten uns also im Mischlingsgebäude ein und gaben vor, dass unser nicht-jüdischer Vater bald zurückkehren würde. Wir behaupteten, dass er uns abholen und zu sich nach Hause holen würde. Doch insgeheim fragten wir uns, warum er immer noch nicht gekommen war.

Shmuel: Ich wurde zur Kommandantur gerufen. Dort sage man mir: »Wir geben dir vier oder fünf Tage, deinen Vater ins Lager zu bringen, sodass er dich befreien kann. Solltest du ohne deinen Vater zurückkommen, heißt das, dass du gelogen hast.« Irgendjemand – ich weiß nicht, wer die Person war – arrangierte für mich ein Treffen mit Herrn Winter, einem wohlhabenden Juden, Gründer und Besitzer der örtlichen Badeanstalt, der immer noch in Pieštany lebte. Zwei Tage lang blieb ich in seinem Haus. Für mich als Buben, der gerade der Hölle auf Erden entstiegen war, erschien sein Haus wie eine herrschaftliche Villa. Dort traf ich schließlich auch jemanden, der bereit war, mir zu helfen. Nach ausführlichen Beratungen beschlossen wir folgendes: Ich würde ins Lager zurückkehren und dort berichten, dass ich meinen Vater nicht hätte finden können. Dass ich andererseits einige Dokumente gefunden hätte, die den christlichen Glauben meines Vaters bewiesen. Diese Dokumente würde ich den Verantwortlichen im Lager übergeben.

Am vierten Tag gaben mir Herr Winter und diese andere Person – seine Identität blieb mir unbekannt – unter anderen Papieren eine Bestätigung, die besagte, dass Herr Artur Fürst ein Christ war.

Bei meiner Rückkehr ins Lager – ich glaube, es war in den Abendstunden – wurde ich durch einen Korridor geführt, in dem vier Leichen von kurz zuvor getöteten Menschen lagen.

Ich betrat Brunners Büro und sagte ihm, dass ich meinen Vater nicht hätte finden können, da er nicht zu Hause gewesen sei. Nichtsdestoweniger, so sagte ich, hätte ich diese Dokumente, die ich hier in meinen Händen hielt, gefunden. Ohne ein Wort nahm er die Papiere. Ein paar andere Männer, die zu diesem Zeitpunkt in Brunners Büro anwesend waren, meinten nur, dass sie sehr hofften, dass diese Papiere auch echt wären; sonst hätte ich wirklich ernste Probleme.

Als ich Brunners Büro wieder verließ, lag nur noch eine der vier Leichen am Boden des Korridors. Ich musste an diesem wohl nur Minuten zuvor getöteten Menschen vorbei. Es war fürchterlich für mich. Ich hatte schon zuvor im Lager Tötungen mitbekommen, hatte jedoch noch nie so nahe einen Ermordeten aus der Nähe gesehen. Fürchterliche Angst überkam mich, nicht nur wegen der Leiche, sondern auch wegen unserer eigenen unsicheren Zukunft. Da die Übergabe meiner Papiere keinerlei Reaktion hervorgerufen hatte, verstärkte das nur meine Sorge um unser Schicksal. Sollten wir trotz alledem beim nächsten Transport dabei sein?

In der Zwischenzeit kamen mit jedem neuen Tag neue Gefangene aus der ganzen Slowakei im Lager an.

Eines Tages kam dann die Nachricht, dass unser Vater gefasst worden war und nach Sered gebracht werden sollte. Bis dahin hatten wir bereits alle Hoffnung aufgegeben, ihn je wieder lebend zu sehen. Wir waren sicher, dass er erschossen worden war, als er versucht hatte, den Hlinka-Garden in Piešťany zu entkommen. Deshalb waren wir überglücklich und überrascht, als wir hörten, dass er am Leben sei und nach Sered kommen sollte. Er war zusammen mit Onkel Rudi bei einer Einheit der Partisanen gewesen und gefangen genommen worden. Wir fanden schnell heraus, in welcher Baracke er untergebracht worden war, wussten aber eigentlich nicht so recht, wie wir uns taktisch am besten verhalten sollten. Sobald nämlich seine Identität ans Tageslicht käme, würde auch unsere Lügengeschichte vom nicht-jüdischen Vater in sich zusammenbrechen, mit allen Konsequenzen. Andererseits bedeutete sein Aufenthalt in dieser Baracke möglicherweise auch, dass er am folgenden Tag deportiert werden würde.

Über geheime Kanäle konnten wir ihm folgende Nachricht übermitteln: Als erstes solle er seinen Namen ändern; zweitens würden wir ihn bei Einbruch der Nacht aus seiner Baracke holen und ihn dann verstecken. Wir glaubten, dass gemischt arisch-jüdische Familien von den Deportationen ausgenommen wären und dass auch der Faktor Zeit für uns von Vorteil wäre.

Vater hat unsere Nachricht erhalten. Da er keine Ausweispapiere bei sich hatte, war es für ihn auch kein Problem, sich unter dem Namen Oizer registrieren zu lassen. Wir entschieden, ihn in der Tischlerei zu verstecken, in einer verborgenen Ecke, wo ihn sicher niemand finden würde. Wir kannten die Räumlichkeiten ja in- und auswendig. Unser erster Versuch, ihn aus der Baracke zu holen, schlug jedoch fehl. Erst in der darauf folgenden Nacht schmuggelten wir ihn erfolgreich in die Tischlerei. Eine weitere Person, mit der wir unser Geheimnis teilten, half uns dabei. Er versteckte sich in einem dunklen dreieckigen Hohlraum zwischen zwei Treppenaufgängen.

Onkel Rudi kam mit seiner Freundin und ihrer Familie ins Lager. Wir schlugen ihm vor, dass er seine Baracke verlassen und sich zusammen mit unserem Vater verstecken sollte. Er weigerte sich jedoch, denn er konnte seine Freundin nicht alleine zurücklassen. Das war das letzte Mal, dass wir ihn sahen. Onkel Rudi, seine Freundin und ihr Mann wurden alle in den Tod geschickt.

Vater blieb einige Tage in der Tischlerei, die Bedingungen in seinem Versteck waren jedoch unerträglich. In dem Hohlraum war es stockdunkel, und er konnte sich kaum darin bewegen. Aber wir konnten ihm etwas Essen zukommen lassen.

Einige Zeit später versteckte sich mein Vater an einem anderen Ort. Eines Nachts jedoch erschien er plötzlich in unserem Raum. Mutter und er beschlossen, dass wir auch weiterhin vorgeben würden, dass wir nicht der gleichen Familie angehörten. Das hieß natürlich, dass man uns in der Öffentlichkeit nicht zusammen sehen durfte.

Das größte Problem dabei war aber, dass unser Vater nicht nur im alten Lager von Sered eine bekannte Persönlichkeit war, sondern auch in der gesamten Slowakei. Daher dauerte es nicht lange, bis unsere Eltern zur Lagerleitung gebracht wurden. Da erkannten wir, dass nun der schlimmste aller Fälle eintreten könnte. Uns war vollkommen klar, und wir hatten es ja bereits miterlebt, wie groß das Leiden, dem die Juden ausgesetzt waren, sein konnte.

Was passierte nun tatsächlich? Mutter und Vater wurden Brunner vorgeführt. Er hieß ihnen, entweder ihre Beziehung weiterhin zu verleugnen oder gleich zuzugeben, Ehemann und -frau zu sein. Letzteres bedeutete Deportation am folgenden Tag. Sie erwiderten: »Ja, wir sind miteinander verheiratet!« Wir wurden alle vier sofort in die Baracken mit den Juden überstellt.

Warum hatte Brunner sie nicht auf der Stelle töten lassen? Rückblickend können wir nur vermuten, dass er sich des Gedankens nicht erwehren konnte, dass er wegen unseres arischen Aussehens vielleicht einen Fehler machte. Wenn jemand daran gedacht hätte, ein Brüderpaar, das ein Musterbeispiel für die reine arisch-nordische Rasse in einem Nazi-Propagandafilm hätte sein können, zu fotografieren, man hätte wohl uns beide ausgewählt. Wir waren groß gewachsen, sehr ähnlich im

Aussehen, gut gebaut, mit blauen Augen und kurz geschnittenen blonden Haaren. Vielleicht hatte auch Mutters Schönheit einen Eindruck auf Brunner gemacht und ihn zögern lassen. Natürlich wusste er nur zu gut über die Bestimmung der Transporte Bescheid. Er versuchte nicht, uns zu retten, aber andererseits war er wohl nicht fähig, uns gleich vor Ort zu töten.

Unsere Eltern wussten, dass wir in den nächsten Tagen deportiert würden. Sie scheuten keine Mühe, uns auf die fürchterlichen Qualen, die uns erwarten sollten, irgendwie vorzubereiten. Vater flehte, er befahl: » Komme, was wolle, wir müssen alle Not überwinden. Wir müssen einfach überleben! Wir müssen!« Wir brannten uns diese Worte unseres Vaters tief ins Herz und Gedächtnis ein, sie leiteten uns durch alle Zeiten und Situationen. In unseren Gesprächen über die Zukunft vereinbarten wir sogar einen Treffpunkt für die Familie, sollten wir voneinander getrennt werden. Wir bestimmten das Haus der nichtjüdischen Familie Formánek in der Šulekovástraße 8 in Bratislava.

Einige Tage später fand ein Appell statt. Wir waren diesmal bei den Juden, die für die Deportation selektiert wurden. Kein Versuch, sich irgendwie vom Transport zu drücken. Es war uns mehr als klar, dass bereits der Versuch unsere sofortige Exekution zur Folge gehabt hätte. Unsere Eltern hatten auch erfahren, dass ein Jude mit Namen Kohn mit den Deutschen kollaborierte und dass er es gewesen war, der sie denunziert hatte. Kohn überlebte den Krieg und wurde wegen Kollaboration mit den Nazis angeklagt. Trotz seiner verwerflichen Taten hat unser Vater nicht gegen ihn ausgesagt.

Im Zug

Je näher der Zeitpunkt der Deportation rückte, desto detailliertere Instruktionen gaben uns unsere Eltern. Diese betrafen vor allem Verhaltensregeln für die verschiedensten Situationen. Sie beschlossen auch, dass wir alle vom fahrenden Zug springen sollten. Vater besorgte diverses Ausbruchswerkzeug – Sägen, Feilen, Schraubenzieher, Meißel –, um eine Flucht zu ermöglichen. Mutter nähte diese in unsere Mäntel ein. Sie fütterte unsere Mäntel auch mit zusätzlicher Wattierung, sodass wir größer erscheinen sollten.

Vater betonte vor allem, dass wir schon während der ersten Nacht vom Zug springen müssten, bevor er die Slowakei verlassen und in Polen sein würde. Es wurde uns genau erklärt, wann wir wie springen sollten. Wir sollten uns direkt nach einem Oberleitungsmasten aus dem Zug werfen, sodass wir nicht durch den nächsten verletzt würden. Bei Bodenkontakt sollten wir uns wie ein Ball abrollen und dann sofort laufen.

Die genauen Pläne unserer Eltern gaben uns neue Kraft und erfüllten uns mit der Zuversicht, dass wir den finalen Bestimmungsort des Zuges nicht erreichen würden. Die genauen Anweisungen unseres Vaters bestärkten uns in dem Glauben, dass unsere Pläne von Erfolg gekrönt sein würden.

Am 2. November 1944 wurden wir in den Zug verladen. Fast neunzig Personen wurden in unseren Waggon gepfercht. Zum Hinsetzen war viel zu wenig Platz, wir waren alle gezwungen zu stehen. Die Schreie, das Weinen, das Gebrüll, die Wehklagen und der unerträgliche Gestank waren erdrückend.

Weil wir alle kaum Luft bekamen und keinen Platz hatten, waren die Bedingungen im Waggon für diejenigen, die noch eine Woche zuvor ein normales Leben in Freiheit geführt hatten und durch die Spezialpapiere geschützt waren, noch viel schlimmer.

Kurz vor unserer Abfahrt hatten wir Onkel Arpad eine Nachricht über unsere Abfahrtszeit von Sered zukommen lassen. Als die Fahrt begann, hofften wir daher immer noch, dass unser gewiefter und findiger Onkel einen Weg fände, uns zu befreien. Als der Zug im Bahnhof von Žilina stoppte, hörten wir jemanden unseren Namen rufen. Da es in den Waggons jedoch nur ein winzig kleines Fenster gab, konnten wir nicht sehen, ob es Onkel Arpad war oder ein von ihm geschickter Bote. Nach kurzem Aufenthalt setzte sich der Zug wieder in Bewegung, und alle unsere Hoffnungen schwanden dahin. Stattdessen erfüllte eine neue Hoffnung unsere Herzen. Vielleicht würden die alliierten Truppen die Bahngleise nach Auschwitz bombardieren. Wir hofften einfach, dass irgendein Wunder geschehen würde.

Bei Einbruch der Nacht begann Vater, seine Werkzeuge für das Öffnen der Waggontüren hervorzuholen. Inzwischen war klar, dass es keinen anderen Weg aus dem Waggon gab. Er benötigte aber ein ganz spezielles Werkzeug, um das Schloss aufzubrechen. Einer im Waggon war ein Installateur, und er hatte seine Werkzeugkiste dabei. Vater bat ihn nachzusehen, ob er nicht das richtige Werkzeug dabei hätte. Dadurch bekamen einige andere Wind von Vaters Fluchtplan. Eine laute und heftige Diskussion begann. Einige der jungen Männer unterstützten Vaters Ansinnen und wollten ihm sogar helfen. Aber die meisten anderen lehnten die Idee strikt ab und hinderten uns sogar daran, bis zur Tür zu kommen. Unter diesen Umständen mussten wir einsehen, dass wir unseren Plan nicht in die Tat umsetzen konnten. Um alle Risiken oder Verdächtigungen auszuschließen, warfen wir unsere Werkzeuge aus dem kleinen Fenster des Waggons. Unser Fluchversuch war gescheitert, bevor er begonnen hatte.

Die Fahrt ging weiter und weiter. Wir mussten nicht wirklich hungern, da wir genug Nahrung mitgenommen hatten. Die Bedingungen wurden dennoch immer unerträglicher. Die Menschen mussten ihre Notdurft auf den Boden des Waggons verrichten, und der Gestank war unvorstellbar.

Nach ungefähr eineinhalb Tagen hielt der Zug an. Die Türen wurden geöffnet. Einige Namen wurden aufgerufen und Menschen aus dem Zug geholt. Wir hatten keine Ahnung, wer sie waren und warum sie aufgerufen worden waren. Die Türen wurden hinter ihnen wieder zugeschoben, und der Zug setzte sich wieder in Bewegung.

Als wir in Birkenau angekommen waren, wurde uns befohlen, all unsere Habe im Waggon zu lassen und auszusteigen.

Birkenau

Nachdem wir aus dem Waggon gestiegen waren, ließen uns die Deutschen zuerst einmal im Matsch stehen. So warteten wir auf die berüchtigte Selektion und sahen, was uns erwarten sollte. Die Baracken, der Rauch und dieser Geruch, es gab keinen Zweifel, wir atmeten den Geruch von verbranntem Fleisch von Menschen, die kurz zuvor ermordet worden waren.

Alles rund um uns war gespenstisch und bedrückend. Der graue Novemberabend wurde bald zur schwarzen Nacht, und wir standen immer noch auf demselben matschigen Fleck Erde, der Teil eines endlosen Sumpfes zu sein schien. Das Gebrüll der Deutschen wurde vom Gebell ihrer aggressiven Hunde übertönt.

Nach mehreren Stunden mussten wir uns in einer Reihe aufstellen und in Bewegung setzen. Wir marschierten durch den Schlamm, Schritt für Schritt. Zu beiden Seiten waren Deutsche und scharfe Hunde. Die Dunkelheit war überall, und wir hatten keine Ahnung, wohin sie uns brachten. Dann betraten wir das ehemalige Zigeunerlager von Auschwitz-Birkenau. Wir waren die einzigen Insassen. Später erfuhren wir, dass unser Transport der erste war, der nicht auf direktem Wege in die Gaskammern ging. Am 1. November 1944 war eine neue Richtlinie in Kraft getreten: Der Betrieb der allgemeinen Vernichtungsmaschinerie wurde eingestellt. Daher wurden neue Häftlinge nicht mehr sofort bei ihrer Ankunft exekutiert. Bis zu diesem Tag waren die Massentötungen zahlenmäßig so enorm, dass sie oft die Kapazitäten der Krematorien überstiegen. Darum loderten auch noch Tage nach der neuen Order die Öfen. Auch bei unserer Ankunft stieg der Rauch der verbrennenden Menschenkörper immer noch zum Himmel empor.

Wir wurden alle in ein Gebäude, das als Quarantäneblock bezeichnet wurde, gebracht. Unmittelbar daneben befand sich Block B. Wir gingen zum Zaun und fragten die Häftlinge auf der anderen Seite, was uns erwarten würde. Sie zeigten nur auf die Schornsteine des Krematoriums und sagten: »Seht ihr die Flammen? Dahin werdet ihr bald gehen. Es gibt kein Entkommen.«

Wir kehrten zu unserer Baracke zurück und krochen in die Stockbetten. Fürchterliche Schreie und der Lärm von Verprügelungen ließen uns immer wieder aus dem Schlaf hochfahren. Die Angst paralysierte uns. Die gellenden Schreie setzten uns sehr zu, und wir kletterten aus unseren Schlafkojen. Wir schlichen in die Mitte der Baracke. Dort befand sich ein offener Raum und ein Korridor mit einem lang gezogenen Ofen, den es in allen Baracken gab. Wir sahen drei Männer auf dem Boden gekrümmt liegen. Sie waren von einer Menschengruppe eingekreist, und man schlug und trat auf sie ein. Die drei flehten um ihr Leben, aber die anderen prügelten weiter auf sie ein, mit Eisenstangen, bis sie tot waren. Dies geschah vor aller Augen. Wir waren zutiefst schockiert und wollten wissen, was da vor sich gegangen sei. Die umstehenden Juden antworteten: »Das ist schon in Ordnung. Das ist schon in Ordnung.« Man erklärte uns, dass diese drei Männer Informanten aus der Slowakei gewesen seien. Sie seien von Leuten des geheimen Widerstands vor der Ankunft in Birkenau aus dem Zug geholt worden. Erst da verstanden wir, warum der Zug einmal kurz angehalten worden war und warum dabei Namen aufgerufen worden waren.

Nachdem die drei getötet worden waren, wurden sie in den Elektrozaun geworfen. Damit war die Angelegenheit erledigt. Für uns war dieses Geschehen jedoch furchtbar grausam.

Am folgenden Tag passierte nichts. Am Nachmittag kamen zwei Kapos, um unsere Namen zu registrieren. Sie meinten, dass etwas noch nie Dagewesenes geschehen würde: Allen Kindern, auch den ganz kleinen, wurden ihre Nummern in den Arm tätowiert. Sogar ein Neugeborenes wurde tätowiert. Die Elter waren mit einem fürchterlichen Dilemma konfrontiert: Entweder sie gaben ihr Baby zur Tätowierung weg, oder man würde sich sofort »um das Baby kümmern«. Sie hatten offensichtlich keine Wahl.

Wir taten unser Bestes, sodass wir zusammenbleiben und fortlaufende Nummer bekommen konnten. Diese wären für uns Kinder leichter zu merken und – das erschien uns noch viel wichtiger – würden uns möglicherweise helfen, beisammen zu bleiben. Wir bekamen also folgende Nummern: Vaters Nummer war 14024, Shmuels 14025 und meine 14026.

המספרים

AUSCHWITZ - BIRKENAU

11.1944

A-26097	MARGIT	אמא
B-14024	ARTUR	אבא
B-14025	PETER	שמואל
B-14026	ĐURO	נפתלי

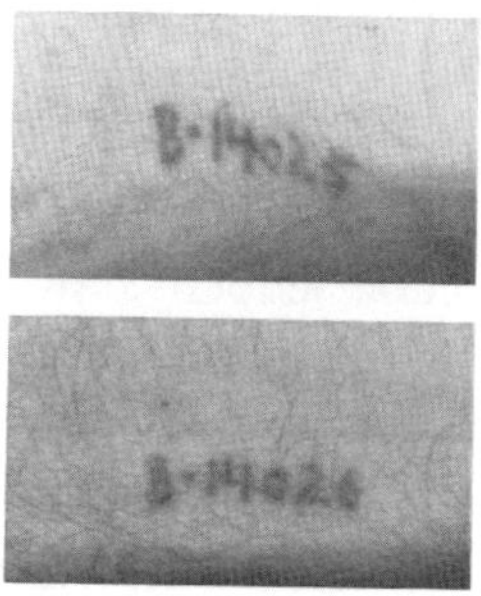

Eintätowierte Nummern

Die Prozedur des Tätowierens war alles andere als angenehm. Die Leute von der anderen Seite des Zauns erklärten uns aber, dass wir uns glücklich schätzen konnten, nummeriert worden zu sein. Es wäre nämlich ein Hinweis dafür, dass wir noch eine Weile im Lager bleiben würden.

Nach der ersten Woche wurden die Frauen von den Männern getrennt. Mutter wurde weggebracht. Von da an wussten wir nichts mehr über sie.

Der Hunger und der Durst setzten bald ein. In der Baracke mit den Duschen war ein Schild angebracht: »Wasser trinken verboten! Das Wasser ist mit Typhus verseucht.«

Naftali: Für mich war Trinken immer wichtiger als Essen. Der morgendliche Kaffee war schlammig. Ein viertel Brotlaib war unsere Essensration für einen Tag. Weil ich so großen Durst hatte, trank ich trotz aller Warnungen das Duschwasser. Zum Glück wurde ich nicht krank.

Diese Woche war fürchterlich. Draußen war es regnerisch und schlammig, und in den Baracken war es schrecklich kalt. Am erschreckendsten war aber diese totale Ungewissheit, was mit uns werden sollte.

Einige Tage nachdem wir in Birkenau angekommen waren, wurde uns befohlen, alle unsere Habseligkeiten abzuliefern und in die Duschbaracke zu marschieren. In einer riesigen Halle mit Bänken und Haken an den Wänden mussten wir uns ausziehen. Völlig nackt, wurde uns befohlen, zum nächsten Raum weiterzugehen. Wie wir da alle nackt in einen der nächsten Räume weiterdrängten, durchfuhr uns die Panik, als wir eine Tafel erblickten: Brausebad. Die Menschen wussten, was das bedeutete. Wir waren sicher, dass wir am Ende unseres Weges angelangt waren.

Zu unserer unermesslichen Freude jedoch kam richtiges Wasser aus den Duschköpfen. Wir hatten sogar etwas Seife zur Verfügung. Nach der Dusche wurden wir in einen anderen großen Raum gebracht. Dort scherten Friseure den Menschen alle Haare. Als ich an der Reihe war, schrie mich der Friseur an, weil ich noch keine Körperhaare hatte. Aber nach ein paar Sekunden erkannte ich, dass er mich nur auf den Arm genommen hatte; er war wie alle hier auch nur ein Häftling. Vaters Brust war sehr behaart gewesen, und plötzlich war er ganz kahl. Alle schauten plötzlich völlig fremd aus. Im vierten Raum wurde uns Häftlingsbekleidung zugeworfen, wir durften jedoch unsere eigenen Schuhe behalten. Diese Schuhe sollten in unserem Kampf ums Überleben unentbehrlich sein.

Als wir aus der Baracke traten, sahen wir eine riesige Gruppe nackter Frauen jeglichen Alters beim Appell. Wir hatten noch nie nackte Frauen gesehen, und ihr Anblick war für uns daher äußerst eindrücklich.

Auf unserem Weg zurück trafen wir Herrn Wertheimer. Er war ein alter Bekannter unserer Mutter aus der Stadt Vrbové und war schon seit 1942 im Lager. Er erkannte uns und gab uns einen ganzen Laib Brot. Dies stellte im Lager einen beträchtlichen Wert dar. Herr Wertheimer versuchte, uns aufzumuntern, und fragte nach dem Verbleib unserer Mutter. Wir erklärten ihm, dass sie von uns getrennt worden war und dass wir glaubten, sie einmal gesehen zu haben. Da er in der Lagerverwaltung irgendeine Funktion bekleidete, versprach uns Herr Wertheimer herauszufinden, wo sie sei.

Es war ein Glück, dass wir bei unserem Vater bleiben konnten. Er tat alles, dass wir zusammenbleiben konnten. Schon zu der Zeit, als noch beide Eltern bei uns waren, lernten wir sehr wichtige Verhaltensregeln von ihm. Ein Beispiel: Wann immer jemand kam und uns fragte, »Wer ist ein erfahrener Tischler? Wer ist gelernter Schuster? Wer ist Arzt?« etc., unterließ es Vater, sich zu melden. Er verstand, dass die Leitung nach Leuten suchte, die irgendwelche Hilfsdienste machen sollten. Oder aber die Quoten für Deportationen auffüllen sollten. Sie tarnten ihre Absichten, indem sie diejenigen anlockten, die dachten, dass sie für Tätigkeiten in ihren angestammten Berufsfeldern ausgesucht würden. Dank dieser Vorgehensweise blieben wir noch einige Tage lang beisammen.

Zu dieser Zeit wurde das Essen immer schlechter und immer weniger. Wegen der Lebensmittelknappheit stahlen die Kapos viel Nahrung für sich selbst. Immer wenn ein Laib Brot in fünf Portionen für fünf Personen geteilt werden musste, nahmen sie das größte und beste Stück aus der Mitte des Laibes für sich. Immer befanden wir uns im gleichen Dilemma. Sollten wir das Brot sofort bei der Essensausgabe ganz aufessen, oder sollten wir es nach und nach erst später essen? Meistens entschieden wir uns für die erste Variante, denn wir mussten immer fürchten, dass jemand das restliche Brot stehlen könnte. Mehr als einmal fanden diejenigen, die ihre Brotration versteckt hatten, dass es am nächsten Morgen gestohlen worden war.

Die Zeit verging, und wir waren immer noch ohne Beschäftigung. Der Hunger und die Appelle waren eine Tortur. Die Appelle fanden täglich um vier Uhr nachmittags statt. Alle Baracken mussten geräumt werden. Alle Häftlinge standen in Reih und Glied vor ihren Baracken, und der Barackenälteste musste seine Männer durchzählen und die Zahl dem Kommandeur oder seinem Stellvertreter melden. Die Zahl der gezählten Männer musste mit den nur den Kommandeuren bekannten Häftlingslisten übereinstimmen. Solche Anwesenheitskontrollen wurden Tag für Tag durchgeführt. Sie dauerten mindestens eineinhalb Stunden. Wenn aber eine Person fehlte oder gestorben war, stimmten die Zahlen natürlich nicht, und wir mussten drei oder vier Stunden stramm stehen. Sogar die Toten mussten zum Appell herangeschleppt werden. Mitunter mussten wir auch eine sehr demütigende Übung vollziehen: Immer und immer wieder mussten wir unsere Mützen aufsetzen, um sie gleich wieder abzunehmen. Wir mussten das so lange tun, bis wir es alle gleichzeitig machten. Manchmal wiederholten wir diese Übung dutzende Male.

Nach einiger Zeit wurde uns befohlen, mit den anderen Kindern und Jugendlichen in den Kinderblock zu ziehen. Das war für uns eine überaus erschreckende Anordnung, denn der Kinderblock war eine berüchtigte Einrichtung. Solange die Gaskammern betrieben wurden, diente dieser Block als menschliches Notlager. Soll heißen, immer wenn die Zahlen der für die Gaskammern Gelieferten nicht deren volle Kapazitätsgrenze erreichten, wurden Kinder aus dem Kinderblock geholt, um die Quote zu erfüllen. Der Mann, der dem Kinderblock vorstand, war ein Ukrainer oder Weißrusse mit dem Namen Oleg. Seine Grausamkeit war im ganzen Lager bekannt. Niemand war in der Lage, diese besondere Art der Gewaltherrschaft zu beenden. Wir wurden also in den Kinderblock, das war Block 29, überstellt. Die Trennung von unserem Vater, der im zentralen Teil des Lagers verblieb, erfüllte uns mit Entsetzen. Shmuel und ich wurden von unbeschreiblicher Angst gepeinigt.

Im Block selbst herrschten Gräueltaten und härteste Bedingungen. Es gab nichts zu essen und überall kranke und sterbende Kinder. Jeden Morgen wachten wir neben toten Knaben auf. Dann wurden ihnen von anderen die Kleider ausgezogen und ihre wenigen Habseligkeiten gestohlen. Die Leichen blieben nackt in ihren Kojen liegen. Als erstes mussten dann die toten Körper aus den Baracken entfernt werden. Der einzige Vorteil war, dass das Zählen der Häftlinge im Block selbst stattfand. Wir wurden für den täglichen Appell nicht ins Freie gejagt.

Dort im Kinderblock waren wir das erste Mal allein mit Furcht und Terror konfrontiert. Einmal – wir haben nie erfahren, unter welchen Umständen genau das möglich war – erschien Vater bei der rückseitigen Luke unseres Blocks. Er teilte uns mit, dass er aus Birkenau deportiert werden sollte, und sagte uns Lebewohl. Er blickte in Shmuels Augen, und Shmuel verstand, dass er nun die Verantwortung übernehmen musste. Als wir noch in Sered gewesen waren, als mein Vater nicht im Lager und wir mit unserer Mutter zusammen waren, hatte er schon einmal erlebt, wie es ist, das Familienoberhaupt zu sein. In Birkenau war die Lage jedoch eine völlig andere. Unsere Eltern waren nicht mehr bei uns, und Shmuel wurde die Verantwortung übertragen. Vielleicht hat ihm das Verantwortungsgefühl auch die Kraft verliehen, für seinen kleineren Bruder zu sorgen, statt mit seinen eigenen Emotionen zu hadern. Rückblickend hat Shmuel bestätigt, dass ihm das geholfen hatte, die Stunden und Tage der Verzweiflung zu überstehen.

Aber damals waren wir überzeugt, dass wir am Ende unseres Lebens angelangt waren. Wir konnten uns auch nicht sicher sein, dass das Töten mit Gas gestoppt worden war, und uns war auch nicht bekannt, dass die Deutschen längst damit begonnen hatten, die Spuren ihrer Verbrechen zu verwischen.

Die Bürde der Verantwortung war für Shmuel nicht einfach. Da die Stehlereien immer während der Nacht stattfanden und diejenigen, die einen besonders tiefen Schlaft hatten, als erste bestohlen wurden, fürchtete er den Schlaf. Schließlich wollte er nicht am nächsten Morgen aufwachen, nur um festzustellen, dass das Wenige, das wir hatten, für immer verschwunden war. Wir gehörten auch noch zu den kleineren Kindern des Blocks. Viele Jugendliche waren größer und stärker, und sie nutzen ihre Stärke, um die anderen zu terrorisieren, vor allem als die Zeit verstrich und immer weniger Nahrung zur Verfügung stand und mehr Kinder krank wurden. Der Block war zum Bersten überfüllt und jeder Tag brachte neue Kämpfe um Leben und Tod. Schreien, Fluchen und Prügel beherrschten das Klima. Wir hockten den ganzen Tag herum, hungerten und taten nichts. Zu unserem Glück hatten es Shmuel und ich noch ganz gut erwischt. Immerhin waren wir erst viel später in diesen Block gekommen. Viel später als die vielen anderen, die durch ihren langen Aufenthalt bereits völlig entkräftet waren.

Da wir verschieden sind, unterscheiden sich auch unsere Erinnerungen an den Kinderblock in Birkenau.

Shmuel: Eines meiner schockierendsten Erlebnisse war meine erste Begegnung mit sexuellen Abartigkeiten, die ich im Brausebad des Lagers miterlebte. Dieses befand sich zusammen mit den Latrinen außerhalb unseres Blocks. Wie bereits erwähnt, war Reinlichkeit eine unserer Familienregeln. Obwohl das Wasser eiskalt war, hielten wir diese Regel strikt ein und duschten, wenn es möglich war. Beim Duschen wuschen wir immer auch einen Teil unserer Kleidung. Da wir keine anderen Kleider besaßen, wuschen wir entweder das Hemd oder die Hose und trockneten sie danach am Körper.

Ich wusste nicht, was die Männer wirklich taten, aber ich hörte das Schreien und sah die abstoßenden Szenen, die mich zutiefst erschreckten. Obwohl ich selbst nie bedroht wurde oder in diesem Zusammenhang einer Gefahr ausgesetzt war, begriff ich dennoch mehr oder weniger, was hier passierte, und was ich sah, erschien mir nicht als normal.

Naftali: Für mich bedeutete der Kinderblock in Auschwitz-Birkenau das extremste Martyrium, das ich bis dahin durchzumachen hatte. Ohne unsere Eltern waren wir ganz alleine den schwierigsten Umständen ausgesetzt. Dort an diesem Ort plagte mich die quälende Frage: Gibt es einen Gott? Wenn Gott existiert, wo ist er dann? Ich erinnere mich, dass ich einmal alleine in der Latrine war und ich Gottes Existenz testen wollte. Ich begann ihn zu verfluchen, wollte prüfen, ob er mich hören konnte, ob er Kinder überhaupt hört. Um die Wahrheit zu sagen, fühlte ich mich ziemlich panisch im Lichte meiner dreisten Prüfung. Als ich die Latrine verließ, merkte ich jedoch, dass nichts passiert war und sich nichts verändert hatte. In diesem Augenblick verlor ich meinen Glauben an Gott und fühlte nur noch Einsamkeit und Furcht, als ob die ganze Welt auseinander brechen würde.

Im Block selbst war die schrecklichste Sache die Hygiene und die Toiletten. Es ist schwierig zu beschreiben, was ich durchmachte, wann immer ich meine Notdurft verrichten musste. Am Ende der Baracke, schon fast im Freien, gab es über achtzig Zentimeter hohe Kanister. Sie waren voll mit Fäkalien und rochen fürchterlich. Jede Nacht ging ich in der schrecklichen Kälte – manchmal barfuss – hinüber zu diesen Behältern. Wie die meisten Buben musste halt auch ich auf die Toilette gehen. Für mich war das die Hölle.

Im Lager gab es auch Menschen, die jenseits der Grenzen des für sie Erträglichen angelangt waren und beschlossen, Selbstmord zu begehen. Nacht für Nacht hörte ich zu meinem Entsetzen ihr Schreien, bis sie starben. Zu dieser Zeit bekamen wir auch unsere erste Lektion, was den Handel mit Nahrungsmitteln anbelangt. Da gab es Frauen hinter den Elektrozäunen, mit denen wir Brot für Zwiebeln tauschten. Es jagte uns jedes Mal einen fürchterlichen Schrecken ein, wenn wir unsere Arme zwischen den geladenen Stacheldrähten durchreckten. Noch heute, über fünfzig Jahre später, habe ich dieses Bild des Zaunes vor meinen Augen, wenn ich Zwiebeln esse.

Ein anderes, sehr persönliches Erlebnis fällt mir immer wieder ein. Im Lager von Sered war auch eine Familie, die in Bratislava gute Freunde meiner Eltern gewesen waren. Ihre Tochter, Marika Rab, war seit meiner Schulzeit meine Freundin gewesen. Sie war ein sehr süßes und hübsches, rundliches und etwas übergewichtiges Mädchen. Sie war acht Jahre alt, und ich mochte sie sehr gerne. Kurz vor unserer Deportation war unsere Freundschaft enger geworden. Marika und ihre Eltern wurden vor unserer Deportation nach Auschwitz verschleppt. Dort, in Birkenau, direkt nach unserer Ankunft, sah ich sie zu meiner Überraschung wieder. Sie ging gerade zusammen mit ihrer Mutter und anderen Frauen in Reih und Glied in die entgegengesetzte Richtung. Ich wusste nicht, wohin. Wurden sie gerade ins Krematorium gebracht? Ich weiß bis heute nicht, ob sie uns sah, für mich jedenfalls war es das letzte Mal, dass ich ihrer ansichtig wurde, und Marika blieb mein ganzes Leben lang in meiner Erinnerung. Oft spielte ich mit dem Gedanken, ob sich, wenn sie gerettet worden wäre, unsere Freundschaft vielleicht zu einer ernsthafteren Beziehung entwickelt hätte. Zu meinem großen Leidwesen überlebte sie diese Tage des Horrors nicht.

Der Bauernhof

An einem bewölkten und regnerischen Tag Mitte Dezember wurde uns mitgeteilt, dass der Kinderblock evakuiert werden sollte und dass wir in verschiedene Lager gebracht würden. Jeder Knabe wurde nach seinem Wissen und seinen Fertigkeiten befragt. Wir sagten, dass wir Tischler wären. Das entsprach ja auch der Wahrheit, denn in Sered hatten wir in der Tischlerei gearbeitet. Diese Arbeit hatte dazu beigetragen, dass wir beisammen bleiben konnten. Heute, da diese Erinnerungen niedergeschrieben werden, halte ich immer noch ein deutsches Dokument in Händen. Es betrifft unsere Überstellung von Auschwitz-Birkenau nach Buchenwald, unser nächstes Ziel, und weist uns als Tischler aus.

Eines Morgens wurde uns befohlen, alle unsere Sachen zusammenzupacken und ins Hauptlager von Auschwitz zu marschieren. In Wirklichkeit hatten wir nichts außer unseren abgetragenen Kleidern. Das einzige, was von Wert war, waren unsere Schuhe. Wir erreichten also das Haupttor von Auschwitz, wo wir stundenlang auf die nächsten Anweisungen warteten. Wir sahen und hörten die Häftlingskapelle von Auschwitz. Dann mussten wir unseren Marsch fortsetzen.

Wir erreichten ein landwirtschaftliches Anwesen mit dem Namen »Landwirtschaft Budy«[10]. In der Nähe des Hofes war ein kleines Konzentrationslager, das die Landarbeiter beherbergte, errichtet worden. Dort waren die Lebensbedingungen äußerst brutal, härter sogar als in Birkenau. Die schäbigen Baracken, in denen wir mitten im eisigen Winter lebten, waren alle halb offen, mit Spalten in den Wänden und Hunderten von Ratten. Es gab zweistöckige Bettgestelle, und nicht nur einmal urinierte der Mann auf der oberen Etage in seiner Koje, und der Urin sickerte auf uns herunter, was mehr als unangenehm war.

Theoretisch waren wir zur Arbeit eingeteilt, aber in Wirklichkeit taten wir faktisch nichts. Da es auf dem Hof keine Tischlerei gab, wurden wir zur Schmiede geschickt. Dort wurden hauptsächlich Hufeisen, Deichseln für Fuhrwerke und ähnliches mehr hergestellt. Wir hatten Glück, einen jüdischen Chef zu haben. Er kam aus Saloniki. Um unsere Fähigkeiten als Tischler zu prüfen, ließ er uns ein Stück Holz hobeln. Shmuel schaffte es irgendwie. Als er jedoch meine vergeblichen Versuche verfolgte, sah er sofort, dass ich nur so tat, als habe ich von der Tischlerei eine Ahnung. Meine Arbeit war völlig nutzlos. Er beschloss also, dass wir beim Ofen bleiben sollten, und sagte mitleidig: »Ihre beide wärmt euch hier auf, und Schluss.« Wenn er uns einen Blick zuwarf, signalisierte er uns damit, dass wir sofort aufstehen mussten. Wenn die Gefahr wieder vorüber war, konnten wir uns wieder beim Ofen niederlassen. Es waren immer ein paar Werkstücke auf der Werkbank, so als ob wir gerade daran arbeiteten. In der Schmiede hat uns nie jemand beim Nichtstun erwischt.

Naftali: Nach ein paar Tagen wurde ich in der Baracke zurückgelassen und musste nie mehr zur Arbeit. Es gab ein Krankenrevier im Block, das von einem französischen Arzt geleitet wurde. Dieser Arzt nahm sich meiner an, aus reiner Güte. Ich bedaure sehr, dass ich mich an seinen Namen nicht mehr erinnern kann. Er machte mich zu seinem Assistenten. Er mochte uns beide und half uns, wann immer er konnte. Wir durften uns mit warmem Wasser waschen, und das war wirklich sehr wertvoll für uns. Er war mein Beschützer für die gesamte Dauer unseres Aufenthalts in diesem Lager. Zeitweise durfte ich sogar im Krankenrevier übernachten.

Shmuel: Zu dieser Zeit arbeitete ich immer noch in der Tischlerei. Wie bereits ausgeführt, arbeiteten wir in einem landwirtschaftlichen Betrieb. Eines Tages – ich werde das nie vergessen – fielen ein paar Zuckerrüben von einem Wagen herunter. Einer der Arbeiter sammelte die Rüben ein und brachte sie in die Werkstatt. Von dort brachten wir sie in die Schmiede und buken sie auf den glühenden Kohlen. An diesem Tag schwor ich mir, dass ich den Rest meines Lebens nur noch gebackene Zuckerrüben essen würde. Es gab nichts Besseres auf der Welt. Ich habe seither in vielen verschiedenen Restaurants gegessen, von Amerika bis Japan, aber diese Zuckerrüben blieben für mich immer das Beste, was ich je gegessen habe.

Auf diese Weise lernten wir, dass wir Zugang zu Zuckerrüben hatten und dass wir uns daraus von Zeit zu Zeit eine gute Mahlzeit bereiten konnten.

Der Weihnachtsabend kam. Die Nicht-Juden, die Wärter wie auch die Soldaten, gingen zu ihren Feiern. Sie kamen betrunken zurück und begannen die Häftlinge zu verprügeln. Barfuss standen wir vor unseren Baracken und sahen dem Geschehen zu. Die Grausamkeit kannte keine Grenzen: Sie packten die Häftlinge, tauchten sie in Eiswasser, trampelten auf ihnen herum, und schließlich töteten sie einige von ihnen.

Obwohl wir schon einiges erlebt hatten, war dies dennoch eine der schrecklichsten Erfahrungen, die wir machen mussten. In dieser Nach zwang man uns, ohne Schuhe zu tanzen, immer rund um den Christbaum, der vor der Baracke aufgestellt worden war. Keines der Kinder wurde jedoch geschlagen.

Zu Beginn des Januar 1945 machten Gerüchte über die anrückende russische Armee die Runde. Irgendetwas lag in der Luft; das Gefühl, dass sich bald etwas ändern würde. Kurz vor der Evakuierung – wir gehen darauf weiter unten genauer ein – konnten wir das Artilleriefeuer bereits hören. Für die Erwachsenen deutete dies bereits auf unsere nahende Erlösung und Befreiung hin. Sie erhielten Informationen von außerhalb des Lagers und waren recht gut über die Entwicklungen in der Welt informiert. Verglichen mit ihnen, waren wir Kinder nicht in der Lage, die Ereignisse zu deuten, und alles, was wir wussten, rührte von Gerüchten und unserem Gefühl.

Obwohl wir damals kein Gefühl für Tage und Stunden mehr hatten, für Zeitabläufe im Allgemeinen, erfuhren wir später, dass diese Situation neunzehn Tage lang andauerte. Am 19. Januar 1945 wurde der Befehl ausgegeben, dass wir uns auf das Verlassen des Lagers vorbereiten sollten und dass wir einen langen Marsch vor uns hätten. Unser erster Gedanke war, uns ein Versteck zu suchen und den Marsch nicht mitzumachen. Im Lager gab es einen Dreschboden, den wir als geeignetes Versteck bis zum Abschluss der Evakuierung ansahen. Es gab jedoch Gerüchte, dass die Deutschen das Lager und alle Gebäude nach der Räumung gründlich durchsuchen und dann in Brand stecken würden. Der Gedanke, dass wir vielleicht entdeckt oder sogar zu Asche verbrennen könnten, flößte uns enorme Angst ein. So wogen wir einige Zeit die beiden Möglichkeiten ab und wussten nicht, welche der beiden das geringere Übel sein könnte. Schließlich verließen wir das Lager mit allen anderen.

Vor unserem Abmarsch erhielten wir noch eine kleine Essensration: einen Laib Brot und ein kleines Stück Margarine. In der Zwischenzeit war der Arzt, der mich »adoptiert« hatte, plötzlich verschwunden, und ich war die einzige Person im Krankenrevier. Ich fand einige Röhrchen aus Gummi und bastelte eine Art von kleinem Ranzen. Ich füllte diesen mit Medikamenten und Verbandszeug. Auch eine Hose, die ich dort gefunden hatte, stopfte ich hinein und Lebensmittel für ein paar Tage.

Am folgenden Tag wurden Teile der landwirtschaftlichen Geräte auf Pferdewagen verladen, und der Marsch begann: Die Fuhrwerke rollten vorne, und wir marschierten hinterher. Wir kamen wieder an Auschwitz vorbei. An polnischen Dörfern. Bald hatten wir jegliches Gefühl für Zeit und Richtung verloren.

Der Todesmarsch[11]

Der Beginn des Marsches erschien uns noch nicht so schlimm. Doch die eisige Kälte drang rasch durch die dünnen Kleider bis tief in die Knochen. Der lange Marsch bis spät in die Nacht überstieg schnell alle unsere Kräfte. Bereits am Ende des ersten Tages lichteten sich die Reihen merklich.

Wir marschierten in der Gruppe – hielten uns in der Mitte, nicht in der ersten Reihe –, und wir schauten nicht zurück. Das waren die Regeln des Überlebens. Der Altersunterschied zwischen uns beiden war nicht besonders groß. Dennoch mussten am Ende des ersten Tages die Älteren von uns die Jüngeren stützen, um zu verhindern, dass sie zurückblieben. Das war aber nicht nur eine Sache der körperlichen Stärke, sondern hieß auch seelische Kraft und Entschiedenheit.

Im Laufe des Marsches merkten wir auch, dass er an verschiedenen Orten seinen Ausgang genommen hatte. Entlang der Straße, wohin man auch schaute, sahen wir viele tote Körper. Viele lagen in den Gräben am Straßenrand, andere hingen in den Bäumen nahe der Straße. Wir begriffen rasch, dass diejenigen, die mit dem Tempo der Marschierenden in der Hauptgruppe nicht Schritt halten konnten und allmählich nach hinten ans Ende des Zuges zurückfielen, von den deutschen Wachen erschossen wurden. Den Männern und Knaben, die sich seitlich von der Gruppe entfernten, widerfuhr ein ähnliches Schicksal.

Man muss sich auch die Eiseskälte in Polen vom Januar 1945 vergegenwärtigen. Jeder von uns marschierte nur mit einem Hemd und einer Hose bekleidet, ohne Unterwäsche, Jacke, Hut oder Mütze. Um kurz nach vier Uhr nachmittags wurde es dunkel, aber wir marschierten bis spät in die Nacht. Und die Temperaturen fielen dann auf viele Grade unter Null. Die Kälte war jedoch nicht unser einziger Feind. Keiner wusste, wohin und wie lange wir marschieren mussten. Immer wenn am Horizont ein Lichtschein auftauchte, hofften wir, dass es nun bald eine Rast geben würde. Leider zerstörte die Realität immer wieder aufs neue diese Hoffnungsschimmer. Als wir bei den Lichtern angelangt waren, gingen wir an ihnen vorbei und marschierten weiter.

Diese Tage und Nächte stellten alles, was wir bisher erlebt hatten, weit in den Schatten. Während wir in der Vergangenheit meist völlig passiv verharrten und eigentlich nichts tun konnten, um unser Schicksal zu beeinflussen, war während dieses Marsches unser Schicksal zum ersten Mal in unsere eigenen Händen gelegt. Nur wir selber konnten unsere Willenskraft und Bereitschaft, für das Überleben zu kämpfen, unter Beweis stellen. Im Lager erhielten wir Befehle, von einem Block in den anderen zu gehen. Wir waren immer irgendwelchen Regeln unterworfen. Während des Marsches musste jeder für sich entscheiden, ob er, bei allem Leiden, weiter gehen wollte oder ob er einfach jede Hoffnung aufgab und zusammenbrach. Obwohl der Kopf immer sagte: »Halte durch, halte einfach durch!«, konnte der Rest des Körpers, völlig erschöpft, kaum die Stimme der Vernunft vernehmen.

Wir wussten, dass sie uns töten würden, aber dennoch war dieser Gedanken tief in unseren Seelen einfach undenkbar. Daher sagten wir immer und immer wieder zueinander: »Wir müssen es schaffen, wir müssen weitergehen!«

Es stellte sich heraus, dass unser Gesundheitszustand auf unserer Seite war. Jede kleine Krankheit oder körperliche Schwäche hätte uns sehr rasch getötet. Wir haben nie das Stadium des totalen Zusammenbruchs erreicht, und wir haben daher nie dem Tod direkt in die Augen blicken müssen. Andererseits muss man sich immer vor Augen halten, dass wir, die jüngsten und kleinsten, zusammen mit erwachsenen Männern marschierten. Der Transfer der Lager von Polen in das Deutsche Reich war ihre Reise, und nicht die unsere. Wir waren lediglich Gefährten, die beweisen mussten, dass sie mindestens so viel Kraft haben, während rund um uns unzählige Menschen tot umfielen.

Am ersten Tag unseres Weges genehmigten wir uns einige der Vorräte, die wir bei uns trugen, am zweiten Tag war das aber viel schwieriger: Weil wir nicht wussten, wie lange wir marschieren würden, entschieden wir uns, die Brotration aufzusparen.

Shmuel: Ich erinnere mich noch an einen polnischen Bauern, der unserer Karawane auf seinem Pferdeschlitten entgegen kam. Auf seinem Schlitten erblickte ich einen Brotlaib. Was für ein Anblick! Das Brot schien mir völlig unwirklich, als ob es aus einer anderen Welt stammen würde. Zu meiner großen Verwunderung zeigte mir diese Begebenheit jedoch, dass auf dieser Welt immer noch ein normales Leben existierte und dass nicht jeder Mensch die tiefsten Abgründe des Elends erreicht hatte, wie das mit uns auf unserem endlosen Marsch geschehen war.

Am ersten Tag war der Anblick der toten Körper am Straßenrand für uns noch mehr oder weniger trüb und verhohlen, aber als wir weiter gingen und auf immer mehr und mehr Tote stießen, wurden die Szenen herzzerreißend, vor allem auch durch ohrenbetäubende Schreie, das Stöhnen und Schießen.

Die marschierenden Menschen redeten ununterbrochen aufeinander ein. Einige weinten, weil sie das Leiden nicht mehr ertrugen und ihre Widerstandskraft zu Ende ging. Viele waren alt, krank, hungrig, verwundet, ohne Schuhe an ihren Füßen. Auch wir konnten kaum weitergehen, waren kaum in der Lage, unsere Köpfe aufrecht zu halten. Schon am ersten Tag unseres Marsches gerieten wir in einen Schneesturm. Am folgenden Tag schien die Sonne, und die Bedingungen waren viel besser, aber wir waren schon völlig erschöpft. Wir gingen mit »gescheiten« Erwachsenen. Sie wussten unseren Standort und wohin es gehen sollte. Wir haben ihre Beteuerungen aber nicht sehr ernst genommen, sondern zogen es vor, uns auf unsere eigenen Mühen zu konzentrieren, Schritt für Schritt. Auf ein besseres Morgen zu hoffen, erschien uns nicht sehr sinnvoll, obwohl auch wir uns danach sehnten, dass die Hoffnung doch zur Realität werden würde. Am Ende des zweiten Tages erreichten wir eine Schule. Dort sollten wir die Nacht verbringen. Wir erhaschten einen Platz in der Nähe des Ofens, der immer noch warm war. Am folgenden Morgen erlebten wir etwas ganz Besonderes: Als wir uns für den Marsch sammelten, kam ein Mann und gab uns ein Sandwich mit Gänseleber. Er lebte wohl in der Gegend, und nachdem er uns gesehen hatte, tat er das Menschlichste, das jemand tun konnte. Seine Geste stärkte unseren Glauben an die Menschheit. Es zeigte uns auch, dass es in der lokalen Bevölkerung anständige Menschen mit Empathie und Gefühl gab. Obwohl dieses Stück Brot nicht unser Leben rettete, werden wir diesen Mann und was er getan hat nie vergessen.

Der dritte Tag begann. Obwohl wir uns nicht erinnern können, wer an den vorhergehenden Tagen neben uns marschierte, erkannten wir keines der Gesichter um uns. Alles war schemenhaft und durcheinander. Das Wetter unvorstellbar schlecht. Die Menschen gingen in engen Trauben aneinander gedrückt Schritt für Schritt. Müde und erschöpft. Die traurigen Erinnerungen des vorherigen Tages geisterten durch unsere Seelen. Mehr und mehr Menschen brachen zusammen, und ihr Verschwinden war herzzerreißend.

In den Nachmittagsstunden erreichten wir Breslau, einen großen Eisenbahnknotenpunkt in Polen. Zu dieser Zeit war es Teil des Deutschen Reiches. Am Bahnhof wurden wir in eine Halle, die für Lokomotiven vorgesehen war, gepfercht. Die Halle war bereits gefüllt mit Menschen, die schon vor uns angekommen waren. Wir gingen durch die Menschenmassen auf der Suche nach Bekannten. Mehr als alles andere wollten wir unseren Vater finden. Aber alles Suchen half nichts.

In der Nacht dann, es war stockdunkel, wurden wir in Gruppen auf offene Waggons verladen. Sie waren voll mit Schnee, manchmal einen Meter hoch. Achtzig oder neunzig Personen wurden in jeden dieser Waggons gepfercht. Der Schnee und vor allem die Überfüllung machten ein Sitzen unmöglich. Einige Menschen waren schon beim Erklettern der Waggons gestorben. Männer, die bereits zu schwach waren, um selbst hinaufzuklettern, wurden einfach hineingeworfen. Einige dieser Menschen sanken auf den Boden des Waggons und wurden dann von den Stehenden zertrampelt. Nach kurzer Zeit wurden die Tore der Waggons geschlossen, und der Zug rollte an.

Nach und nach bekamen wir etwas mehr Platz, denn die Leichen wurden in einer der Ecken aufeinandergestapelt. Es gab immer noch nicht genügend Platz, um sich hinzusetzen, aber die Menschen konnten kurz knien und sich strecken. Man muss sich auch in Erinnerung rufen, dass wir seit Beginn des Marsches, das waren also drei oder vier Tage, keine Essensrationen bekommen hatten.

Die Fahrt in den offenen Waggons dauerte ca. eineinhalb Tage. Ohne Stopp. In der Zwischenzeit waren weitere Menschen gestorben, und wir konnten uns endlich auf den Boden setzen. So wichtig es für unsere schmerzenden Glieder war, half es doch nicht in unserem Kampf gegen den Hunger und die Eiseskälte, die Tag und Nacht durch den kalten Wind noch viel fürchterlicher schien. Um unseren Hunger zu stillen, lutschten wir die mit Zucker überzogenen Medikamente, die wir in meinem improvisierten Ranzen bei uns hatten. Kann man sich eine solche Situation überhaupt vorstellen?

Der Zug hielt an einem Bahnhof, und wir konnten den Waggon kurz verlassen. Shmuel und ich kamen an einem dampfenden Rohr der Lokomotive vorbei und füllten eine kleine Blechdose mit heißem Wasser. Wir lösten die restliche Margarine darin auf und tranken diese fettige Brühe, als ob es wohlschmeckende Suppe wäre. Auch dieses Mahl blieb für uns unvergesslich.

Dann ging es wieder weiter, der Zug setzte sich wieder in Bewegung. Nach Tagen und Nächten der Fahrt waren wir alle völlig erschöpft, im Grenzbereich zwischen Sein und dem Nichts. Wir trafen auf einen Mitreisenden, der ein ähnliches

Schicksal wie wir durchmachte. Es war ein deutscher Soldat, halb verhungert und fast zu Tode erfroren. Keiner wusste, was passieren würde. Wie lange noch würde unsere Fahrt dauern? Einen Tag? Zwei Tage? Mehr? Wir verrichteten unsere Notdurft in einer Ecke des Waggons.

Unsere damalige Lage entzieht sich jeder Beschreibung und übersteigt das menschliche Vorstellungsvermögen.

Buchenwald

Am Ende unserer Fahrt fuhr der Zug über ein Nebengleis in ein Lager ein. Dieses Nebengleis war für einen einzigen Zweck gebaut worden: neue Häftlinge zu entladen. Der Name des Lagers war uns unbekannt; erst später erfuhren wir, es war Buchenwald. Als wir in eine große, gut beleuchtete Halle gebracht wurden, waren wir angenehm überrascht, denn die Lage erschien uns viel besser als im Zug. Auch der Ton und die Behandlung der Aufseher machten auf uns den Eindruck, dass hier ein anderes Regime herrschte. Als trotz unserer Bitten alle unsere Kleider eingezogen wurden, wurde uns gesagt, dass wir keine Sorge haben müssten. Kurze Zeit später wurden wir auch wirklich neu eingekleidet.

Der nächste Schritt war die Registrierung. Wir nahmen an, dass unsere Daten von Birkenau nach Buchenwald übermittelt worden waren, was aber nicht der Fall war. Jeder von uns bekam eine neue Nummer, halbwegs gut erhaltene Bekleidung und eine Mütze. Jede Gruppe von Häftlingen wurde mittels eines eigenen Systems von Kennzeichen mit verschiedenen Symbolen (in Form von Dreiecken bzw. Winkeln) in diversen Farben markiert[12]. Natürlich auch wir. Unser Symbol war ein schwarz-roter Stern, was für »politisch« und »jüdisch« stand.[13]

Wir kamen in eine große Baracke, die bereits voll mit Häftlingen war. Diese Menschen aller Altersgruppen waren vor uns nach Buchenwald gekommen, und sie kamen aus aller Herren

Länder. Uns wurde die oberste Etage der vierstöckigen Stockbetten zugewiesen. Die Baracke war dunkel und düster, Hoffnungslosigkeit erfüllte den Raum. Unsere körperliche Konstitution war bereits sehr schlecht. Ich war sehr schwach und auch krank. Shmuels Zehen waren erfroren. Es gab fast nichts zu essen, und das Stehlen unter den Häftlingen war unerträglich.

Nach drei Wochen begannen wieder neue Selektionen für die Deportationen. Keiner wusste, wohin er gebracht werden würde. Dann kam der Tag, an dem wir getrennt wurden. Bis zu diesem Tag hatten wir alles versucht, um beisammen zu bleiben, aber jetzt waren wir völlig ausgeliefert. Wir erfuhren an diesem Tag auch, dass es in unserer Baracke noch ein weiteres Brüderpaar mit demselben Problem gab. Der ältere von ihnen schlug Shmuel vor, dass sie ihre Namen und Identitäten tauschen sollten, sodass jeder bei seinem wirklichen Bruder bleiben konnte. Shmuel und ich gingen auf diesen Vorschlag ein und überließen ihnen die Entscheidung, ob sie im Lager bleiben oder es mit dem nächsten Transport verlassen wollten. Nach einigem Hin und Her entschieden sie sich, das Lager zu verlassen. Diese Entscheidung besiegelte ihr Schicksal, ihren Tod und unser Überleben. Gegen Abend waren sie zum Bahnhof von Buchenwald gebracht und in Viehwaggons verladen worden. Später am Abend bombardierten die Alliierten den Bahnhof, und alle Menschen in den Waggons wurden getötet. Man erzählte, dass einige wenige versucht hatten zu fliehen. Die Deutschen erschossen sie jedoch.

Shmuel: Seit diesem Ereignis hatte ich also einen neuen Namen. Er begann mit »Sh«, vielleicht Stern oder Strass. Ich kann mich heute nicht mehr genau daran erinnern.

Buchenwald war ursprünglich ein Straflager für politische Häftlinge. Es gab keine Kinder im Lager. Die dort entstandene Geheimorganisation[14] war ein integraler Teil der Lager- und Häftlingsorganisation. Sie hatte einen speziellen Status, und sie verhandelte sogar mit den Deutschen. Man kann nicht sagen, dass sie irgendwelche direkte Befehlsgewalt hatte, aber sie verstand, dass alles ein Geben und Nehmen bedeutete. Die Lagerkomitees konnten von den Deutschen nicht einfach völlig ignoriert werden – schon gar nicht Ende Januar 1945. Auf Initiative und Drängen dieser Komitees wurde zu dieser Zeit auch eine spezielle und abgesonderte Baracke für Kinder eingerichtet[15].

Ďuro wurde in die Kinderbaracke, den Block 66, überstellt. Da ich jedoch unter falschem Namen registriert war und das Alter dieser Identität mit 17 angegeben worden war, wurde ich dem Block 49 zugeteilt und nicht dem Kinderblock. Zu meiner großen Sorge waren wir dadurch getrennt. Einige Menschen um mich herum versuchten mich zu trösten, aber ich konnte mich einfach nicht beruhigen. Ich habe immer wieder versucht, Ďuro ausfindig zu machen. Und er – so erfuhr ich später – suchte nach mir.

Eines Tages rief jemand: »Wo ist Peter Fürst? Er muss sich sofort melden!« Als ich meinen Namen hörte, verkroch ich mich ganz hinten in meiner Baracke, sie riefen aber weiter »Es ist gut, du kannst kommen.« Ich fürchtete, dass mein Schwindel aufgeflogen war, und ich wagte es nicht, hervorzukommen. Als ich mich nicht rührte, gaben sie ihre Suche auf und gingen. Zwei Tage später wurde erneut nach mir gesucht. Ich traf auf andere Knaben, und sie beschrieben mein Aussehen. Sie sagten auch, dass sie mich zu meinem Bruder bringen würden. Nach langem Zögern gab ich mich ihnen zu erkennen. Ein Pole kam auf mich zu und strich mir über den Kopf, um mich zu beruhigen. Er sagte: » Ich kann verstehen, dass du dich beim ersten Mal nicht gemeldet hast. Dein jüngerer Bruder wartet auf dich. Komm mit!« Später erfuhr ich, dass dieser Mann vom Lagerkomitee bestellt worden war, sich um die Kinder zu kümmern. Er wurde zu ihrem »Vater«. Ich meldete mich also beim Blockältesten. Er versprach mir, dass er die Sache mit den vertauschten Namen regeln würde. So verließ ich den Block 49 und kam in den Block 66, den Kinderblock des Kleinen Lagers.

Dort traf ich Ďuro. Wir waren überglücklich, wieder beisammen zu sein. Über 900 Kinder lebten in diesem Block[16]. Er war völlig überfüllt, die Lage war jedoch besser als im Rest des Lagers. Die Verpflegung war die gleiche, aber die Verteilung war viel gerechter und korrekter. Was die Hygiene wie Waschen, Haare schneiden und dergleichen anbelangte, so wurden die Knaben versorgt. In der Nacht war die Baracke beheizt. An manchen Abenden wurden die Kinder zusammengerufen. Man gab ihnen Informationen über die aktuellen Ereignisse in der Welt und über den Krieg. All dies wurde von einer gut organisierten Häftlingsorganisation, die die Knaben auch ermunterte, ihre Moral zu heben, durchgeführt. Es wurde sogar gemeinsames Singen eingeführt.

Die Baracke war in zwei Teile geteilt: In der einen Hälfte lebten die polnischen Kinder, in der anderen die Kinder der restlichen Nationen. Wir waren bei den ungarischen Kindern. Sie hatten eine schreckliche Angewohnheit: Den ganzen Tag lang fantasierten sie vom Essen. Jeder erzählte, was seine Mutter früher zu kochen und zu backen pflegte: Kuchen mit Schlagsahne oder Mohn und viele andere Köstlichkeiten.

Der tägliche Appell wurde in der Baracke selbst durchgeführt. Die Jungen mussten so nicht bei eisig kaltem Wind im Freien und im Schlamm stehen. Das war wirklich eine große Erleichterung.

Zu dieser Zeit jedoch verschlechterte sich Ďuros Gesundheitszustand immer mehr. Er entwickelte eine Lungenentzündung, hustet unablässig und hatte hohes Fieber. Ich war völlig verzweifelt und deprimiert, denn ich konnte ihm nicht helfen. Der Blockälteste entschied dann, Ďuro in den Krankenbau zu verlegen.

Nur einmal durfte ich ihn dort besuchen. Ich war glücklich, dass ich ihn bei vollem Bewusstsein sah, denn bei seiner Einlieferung dachte ich, dass er die Krankheit nicht überleben würde und dass ich ihn nie mehr zu Gesicht bekommen würde. Er gab mir sogar einen Laib Brot.

Nach diesem Besuch trennten sich unsere Wege. Wir trafen einander erst wieder nach dem Krieg in der Slowakei.

Naftalis Bericht

Als ich in den Krankenbau kam, war meine Wahrnehmung völlig verschwommen; ich war jedoch bei Bewusstsein. Körperlich schwer krank und psychisch am Boden zerstört, wurde ich in ein Stockbett gelegt. Dann ließ man mich allein.

Ich sah Menschen, die kalt duschten und merkwürdige Dinge aßen. Ich spürte, dass gerade etwas Außergewöhnliches passierte. Erst später hörte ich, dass die Evakuierung von Buchenwald begonnen hatte. Es gab jedoch Gerüchte, dass die Kranken im Lager zurückbleiben sollten. Aus diesem Grund versuchten diejenigen, die sich bereits erholt hatten, wieder als krank eingestuft zu werden. Manche schluckten alles mögliche Zeug, nur um in den Krankenbau zu kommen.

Meine Erkrankung war sehr ernst. Ein polnischer Student half mir. Er unterstützte mich auch moralisch. Ich kann mich nicht an Shmuels Besuch erinnern; ich habe erst nach dem Krieg davon erfahren.

Als ich begriff, dass das Lager geräumt werden sollte, fürchtete ich, dass mein Ende nahe wäre. Als sich mein Gesundheitszustand Tage später etwas verbessert hatte, wurde uns gesagt, dass einige der Kranken ins *Lagerbordell* übersiedeln sollten. Ich sollte einer von ihnen sein. Ich wusste lediglich, dass das Wort *Bordell* mit Unordnung und Schweinerei assoziiert wurde, und fragte daher, was es wirklich bedeutete.

Am nächsten Tag ging unsere Gruppe zu diesem Gebäude hinüber. Zwei schöne und gut gekleidete Damen mit Make-up standen am Eingang. Ich erschrak, denn schließlich bekam man solche Damen normalerweise in einem Todeslager nicht zu Gesicht. Ich wähnte irgendwelche medizinischen Experimente, die mit uns durchgeführt werden sollten.

Als ich die Baracke betrat, hörte ich sie sagen: »Was für ein hübscher Junge! Schade, dass er so jung ist!« Ich konnte damals nicht verstehen, worauf sie anspielten.

In der Baracke gab es Teppiche und Möbel, wie in einem gewöhnlichen Haus. In Wirklichkeit war es natürlich ein Freudenhaus, das mitten im Lager betrieben wurde. Die Lagerleitung versuchte höchstwahrscheinlich, die wahre Funktion dieser Einrichtung zu verschleiern, indem Kinder dort untergebracht wurden.[17]

In einem der Vorräume waren Matratzen auf dem Boden für uns hergerichtet. Dies war der Beginn meines Lebens im Lagerbordell von Buchenwald.

Die Damen mochten mich. Sie klärten mich über die Art und Weise der Aktivitäten in der Baracke auf, über den Arbeitsraum und das Schlafzimmer.

Ich erhielt einen abgetragenen roten Pyjama mit farbigen Streifen. Ich begann, mich von meiner Krankheit zu erholen, und fühlte mich schon um vieles besser. Dennoch vermuteten die Ärzte, dass ich Wasser in der Lunge hätte. Eine gigantische Injektionsnadel wurde mir zwischen den Rippen eingeführt, um die Flüssigkeit aus meiner Lunge zu saugen. Es war sehr schmerzhaft, aber man entdeckte kein Wasser. Ich erinnere mich heute noch sehr gerne daran, wie eine der Schwestern – höchstwahrscheinlich eine der Huren – mich an sich drückte und mich beruhigte. Im Großen und Ganzen war die Behandlung, die mir hier widerfuhr, hervorragend. Das Essen war wunderbar, ich erhielt sogar Schokolade und Kuchen. Von einem Moment auf den anderen war ich aus der Hölle in den Himmel gekommen.

Unter meinem Kissen sammelte ich verschiedene Lebensmittel und Süßigkeiten für Shmuel. Wir waren von der Außenwelt isoliert und wussten gar nichts über diese. In Wirklichkeit bewegten sich die amerikanischen Verbände bereits auf Buchenwald zu, und die Deutschen bereiteten die Evakuierung des Lagers einschließlich des Bordells vor. Ich sah, dass die Frauen zu packen begannen und die Räumung erwarteten. Die Deutschen erschienen nicht mehr in der Baracke.

Am Morgen des 11. April 1945 hörten wir das Getöse der Artillerie. Während die Frontlinien immer näher rückten, erhob sich der Widerstand im Lager. An genau diesem Tag wurde Buchenwald befreit. Und wo wurde ich befreit? Im Freudenhaus! Nicht jeder Zwölfjährige hat solch eine spezielle Ehre erfahren.

Befreiung Naftal 1945 (Sammlung Gedenkstätte Buchenwald)

Sofort nachdem ich wieder die Luft der Freiheit atmen durfte, begann ich mit der Suche nach Shmuel. Ich traf Menschen, die ihm begegnet waren. Sie berichteten mir zu meinem großen Kummer, dass er nur einen Tag zuvor gezwungen worden war, auf eine Reise zu gehen, die für ihn eine der grausamsten und härtesten werden sollte. Ich hatte gehofft, Shmuel wieder zu treffen und ihm all die guten Sachen, die ich für ihn aufgespart hatte, zu überreichen. Meine Enttäuschung war sehr groß. Ich war völlig alleine im befreiten Buchenwald.

Die amerikanischen Befreier deckten die Greueltaten auf, die wir erleben mussten, und dokumentierten sie.

In den ersten Tagen der Freiheit herrschte noch sehr große Unordnung im Lager. Da es uns nicht erlaubt war, das Lager zu verlassen, wanderten wir ziellos von einer Baracke zur anderen. Wir sahen uns auch das Krematorium und die Folterzellen an und öffneten schließlich auch das Kleiderlager. Dort probierten wir auch die SS-Uniformen an.

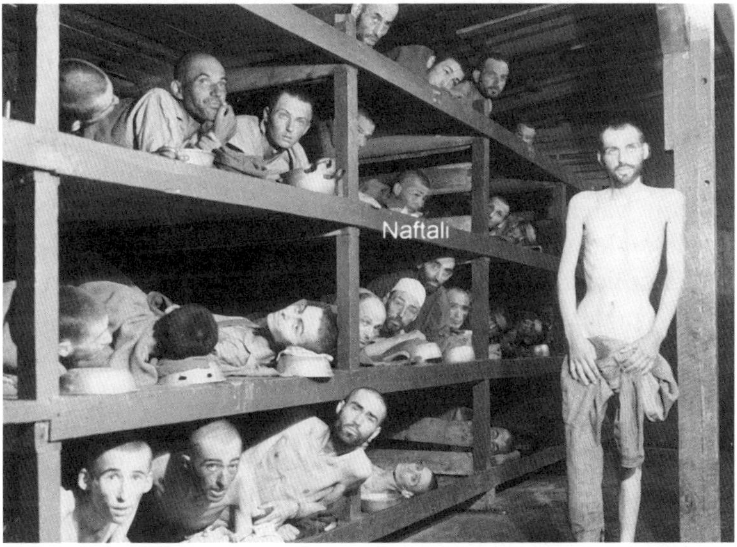

16.4.1945 fotografiert vom Amerikaner Harry Miller Signal Corps im sog. „Kleinen Lager", einer Sterbebaracke, in der Naftali in den Tagen nach der Befreiung einen Schlafplatz gefunden hatte.
Untere Reihe 1.v.l.: Nikolaus Grüner (16 Jahre); 4.v.l.: Max Hamburger (25 Jahre); 3.Reihe 5.v.l.: Naftali Fürst (12 Jahre)

Es dauerte nicht lange, bis wir in Gruppen nach Herkunftsländern organisiert waren. Unter den Organisatoren befand sich auch ein Mann, der vorgab, der Bruder von General Viest, einem slowakischen Held, zu sein. Er kümmerte sich um die tschechoslowakische Gruppe, die vierzehn Tage später auf Lastwagen in die Tschechoslowakei gebracht wurde. Bei unserer Ankunft in Bratislava wurden wir von der jüdischen Gemeinde, die bereits wieder funktionierte, willkommen geheißen.

Als erstes versuchte ich herauszufinden, wer überlebt hatte. Mir wurde berichtet, dass es bisher keine Informationen über meine Familie gab und dass ich der erste sei, der zurückgekehrt war. Die Funktionäre der jüdischen Gemeinde rieten mir, zu Onkel Andor nach Nové Mesto zu gehen. Sie versorgten mich mit etwas Geld für meine Fahrkarte. Im Zug erkannte mich jemand und erzählte mir, dass Onkel Arpad und Tante Lili in Piešťany wären. Das war etwa dreißig Kilometer näher als Nove Mesto. Ich stieg also in Piešťany aus und ging zu dem Haus, an dem mich damals die Hlinka-Gardisten gefasst hatten. Ich klopfte an der Tür und sagte: »Da bin ich!« Ich berichtete kurz über mein Schicksal und über alles, was ich über den Rest der Familie wusste. Zu dieser Zeit hatten wir noch nichts von ihnen gehört. Mein Onkel und meine Tante waren glücklich, mich bei sich zu haben, aber die Abwesenheit meiner Eltern und von Shmuel erfüllte uns alle mit großer Sorge.

Nach mehreren Wochen erreichte uns vom Prager Krankenhaus die Nachricht, dass Shmuel überlebt hatte, dass aber seine schwerwiegende Erkrankung noch einen längeren Krankenhausaufenthalt erforderlich machte. Eine weitere gute Nachricht erreichte uns aus Piešťany. Dort hatte man im Radio gehört, dass meine Mutter im Lager Lippstadt befreit worden war. Einige Tage später hörten wir zu unserer Erleichterung, dass auch mein Vater die Befreiung erlebt hatte und dass wir seine Ankunft bald erwarten durften.

Ich fuhr also zur Familie Formánek in Bratislava, deren

Haus in der Šulekovástraße Nummer 8 als Treffpunkt für unsere Familie vereinbart worden war. Bei meinem Eintreffen war Vater schon da, Mutter kam ein paar Stunden später. Wir waren wieder beisammen, glücklich und voll positiver Energie. Es ist schwer, das wunderbare Gefühl, meine Eltern wieder zu sehen, zu beschreiben. Kann irgendetwas aufregender und glücklicher sein als solch ein Moment? Unsere Freude kannte keine Grenzen, aber wir vermissten Shmuel.

Shmuels Bericht

Der Todesmarsch

Nachdem ich Naftali im Krankenblock besucht hatte, sah ich ihn nicht mehr. Durch meinen andauernden Kontakt mit dem Krankenblock wusste ich jedoch, dass er lebte. Das war kurz vor der Evakuierung des Lagers. Wie immer in solchen KZ-Entscheidungssituationen stand ich wieder vor dem unlösbaren Dilemma: Sollte ich mir ein Versteck innerhalb des Lagers suchen und dort bleiben, bis das Schlimmste vorüber wäre, oder sollte ich mich der Hauptmasse anschließen und das Lager verlassen? Welche der zwei Möglichkeiten wäre wohl die bessere?

In der Zwischenzeit destabilisierte sich das Leben im Lager immer mehr, und sogar die Verantwortlichen konnten die Risken und Chancen nicht mehr abschätzen. Der Untergrund im Lager betätigte sich im wahrsten Sinne des Wortes. Die Leiter kümmerten sich nicht nur um die Mitglieder, sondern organisierten auch das Ausheben von Gräben und Tunnels.

Am 10. April 1945 begann die Evakuierung. Alle Häftlinge mussten ihre Baracken verlassen und sich am Hauptplatz des Lagers einfinden. Als wir uns dort in Reih und Glied aufstellten, flogen amerikanische Flugzeuge über unsere Köpfe hinweg. Die versammelten Menschen brachen in Panik aus, denn sie befürchteten einen Luftangriff. Einige rannten weg, ich aber war in der Mitte der Menschenmenge gefangen und konnte mich nicht wegbewegen.

Später am Nachmittag erhielt jede Person einen Laib Brot und eine Portion Margarine. Es wurde uns gesagt, dass wir uns auf eine lange Fahrt einrichten sollten.

Das Lager von Buchenwald befand sich mitten im Wald

von Buchenwald. Fünfzig Jahre nach meiner Inhaftierung, das war 1995, besuchte ich das Lager wieder. Ich war zusammen mit anderen ehemaligen Häftlingen eingeladen, an den Feierlichkeiten zum fünfzigjährigen Jubiläum der Befreiung des Lagers teilzunehmen. Es war das einzige Konzentrationslager, das ich je besucht habe, und ich sah wieder die Schönheit und den Zauber des Waldes, der diesem berüchtigten Lager seinen Namen gegeben hatte.

Wir verließen das Lager, marschierten einen Weg entlang, der durch den Wald führte, an einem schönen Frühlingstag. Alles um uns herum war grün und blühte. Am Ende des neun Kilometer langen Marsches erreichten wir den Bahnhof von Weimar. Dort wurden wir, jeweils einhundert Personen jeglicher Art und Herkunft, jung und alt, in offene Zugwaggons verladen. Wir konnten kaum aufrecht stehen, so überfüllt waren die Waggons. Sofort setzten heftige Streitereien zwischen den Menschen ein, und es dauerte nicht lange, bis die ersten tot zusammensackten. All das geschah, als der Zug sich noch im Bahnhof befand. Starben sie wegen der Überfüllung oder wegen der Kämpfe, oder einfach aus Schwäche? Keiner weiß das mehr.

Bei Einbruch der Nacht setzte sich der Zug in Bewegung. Die erste Nacht war nicht allzu schlimm, obwohl viele Menschen sich nicht mehr auf ihren Beinen halten konnten und übereinander zusammenbrachen. Während der ersten zwei Tage der Fahrt erlaubten uns die Deutschen nicht, die Leichen aus dem Wagen zu entfernen. Die Toten reisten also zusammen mit den Lebenden, und die Gesamtzahl der Menschen blieb erhalten. Nach einiger Zeit jedoch begannen die Leichen fürchterlich zu stinken.

In der zweiten Nacht dann begannen die Erwachsenen damit, die Leichen aus dem Zug zu werfen. Das verschaffte uns etwas mehr Platz im Waggon.

Nun setzte Dauerregen ein, der den Rest der Fahrt anhalten sollte. Wir standen in den offenen Waggons und wurden völlig durchnässt. Der große Vorteil des Regens war jedoch, dass wir Trinkwasser sammeln konnten. Nach und nach hatten wir unser Brot verzehrt, und es sollte unsere einzige Nahrung auf dieser Fahrt bleiben.

Der Zug fuhr weiter. Nur gelegentlich hielt er. Mit zunehmender Dauer der Fahrt formierte sich eine Art Hierarchie unter den Insassen. Die kräftigeren Männer besetzten den Raum entlang der Außenwände der Waggons. Dort war es bequemer und geschützter. Obwohl der Platz nicht ausreichte, um sich hinzulegen, war es doch halbwegs erleichternd, sich an die Wände zu lehnen. Wir Kinder mussten jedoch damit vorlieb nehmen, uns in der Mitte des Waggons auf den Boden zu kauern, zusammen mit den Schwachen und Kranken.

Im Laufe der Fahrt lernte ich einen polnischen Jungen besser kennen. Um es uns etwas bequemer zu machen, lehnten wir uns Rücken an Rücken aneinander. Auf diese Weise schafften wir es sogar, etwas zu schlafen, wenn man es »Schlaf« nennen kann, im offenen Wagen dem Dauerregen ausgesetzt zu sein. Zu dieser Jahreszeit war der Regen noch extrem kalt, manchmal gefror er zu Eis.

Unsere Fahrt schien niemals enden zu wollen, Tag für Tag, Nacht für Nacht. Der Hunger und die Kälte machten die Menschen verrückt. Sie stritten heftig und schrieen einander an, während andere um Beruhigung bemüht waren. Wir fürchteten, dass die deutschen Soldaten, die zur Bewachung unserer Waggons abgestellt waren – jeder der Waggons hatte solch eine Wache – einschreiten und auf uns schießen könnten.

Der Zug fuhr weiter, und mehr und mehr Menschen starben. Mit jedem Toten bekamen die noch Lebenden mehr Platz, auch die Kleider der Toten wurden verteilt.

Es dauerte eine Woche, bis der Zug endlich wirklich stehen blieb. Irgendwo auf freier Strecke. Man hieß uns aussteigen. Dieser Befehl war sehr angebracht, da die Waggons voll mit Fäkalien waren. Dreck überall. Wir konnten uns endlich einmal strecken. Als wir aus dem Waggon kletterten, sahen wir eine riesige Wiese vor uns. Sofort begannen wir mit bloßen Händen nach Wurzeln zu graben. Etwas Nahrhaftes und ein wenig Flüssigkeit. Nur wenige von uns fanden wirklich etwas.

Nichtsdestoweniger war diese Pause eine große Erleichterung, und das frische Gras stillte unseren schrecklichen Hunger etwas.

Bei einem weiteren nächtlichen Stopp sprangen einige Insassen vom Zug und rannten auf einen Pferdekadaver zu, der neben den Gleisen lag. Das Fleisch war ungenießbar, und wir konnten nur an einigen Stücken saugen. Es reichte, um uns zumindestens eine vage Vorstellung von wirklichem Essen zu geben. Es war die einzige Nahrung, die wir in diesen Tagen des Horrors ergatterten.

Eines Morgens erwachte ich aus einem, wie mir schien, ungewöhnlich guten und erholsamen Schlaf. Zutiefst schockiert musste ich erkennen, dass der polnische Junge, mein Kamerad während dieser Fahrt, in der Nacht gestorben war. Er war zusammengebrochen, und im Schlaf hatte ich mich über seinem Körper ausgestreckt. Ich fühlte mich plötzlich so alleine und verloren, denn er war die einzige Menschenseele in diesem Waggon gewesen, der ich mich zugetan gefühlt hatte.

Die Tage vergingen, und die Menschen wurden schwächer und schwächer, nicht mehr alle waren in der Lage, in eine Ecke des Waggons zu schleppen, um die Notdurft zu verrichten. Das führte zu weiteren heftigen Streitereien. Die starken Männer drohten den anderen, dass jeder, der seine Notdurft auf dem Boden und nicht in der Ecke des Waggons verrichtet, sofort aus dem Waggon fliegen würde. Nur die Anwesenheit der deutschen Soldaten hielt sie davon ab, ihre Drohung in die Tat umzusetzen.

Die Fahrt führte uns nach Böhmen. Der Zug hielt an einem tschechischen Bahnhof. Wir sahen die ortsansässigen Menschen, wie sie zur Arbeit gingen. Wir flehten sie an, uns etwas zu essen zu geben. Sie gaben uns, was sie bei sich hatten.

Es war nicht viel, aber ihr Akt der Menschlichkeit berührte uns sehr. Sie versuchten alles, um uns zu helfen, und warfen uns Essensreste zu. Aber sie konnten nicht nahe genug herankommen. Der Zug fuhr wieder an, und wir blieben hungrig.

Der nächste Halt war in einer weiteren tschechischen Stadt. Wir konnten den Bürgermeister dieser Stadt hören, wie er von den Deutschen forderte, umgehend alle nicht-jüdischen Tschechen und Slowaken frei zu lassen. Diese sollten dann beim Verlassen des Zuges ihre Papiere vorweisen.

Ich beschloss, sofort diese Chance am Schopf zu packen. Ich stellte mich also an, und als ich an die Reihe kam, wurde ich gefragt, wie es hatte passieren können, dass ich, ein tschechisches oder slowakisches Kind, alleine auf diesem Zug war. Ich erfand meine Geschichte: Mein Vater wäre am Schwarzmarkt tätig gewesen, und nachdem er erwischt worden war, wurde er ins Lager deportiert, zusammen mit seiner Familie. Anscheinend klang meine Geschichte glaubwürdig, aber dann sagte einer der Beamten: »Okay, lass uns sehen. Zieh deine Hosen aus!« Ich antwortete: »Ich kann jetzt nicht. Ich muss zuerst auf die Toilette.« Ich eilte wieder zurück in den Waggon, weil ich fürchtete, mein Schwindel würde auffliegen. Später hörte ich, dass nur eine Handvoll an Menschen wirklich frei gelassen worden war.

Der Moment, in dem mein Befreiungsversuch scheiterte, war ein Wendepunkt für meine psychische und körperliche Verfassung. Mit meiner Gesundheit ging es steil bergab, und bald konnte ich kaum mehr aufrecht stehen. Später sagte man mir, dass dies die ersten Symptome der tödlichen Krankheit, die ich mir zugezogen hatte, gewesen sind: Typhus. Ich muss hinzufügen, dass ich schon in Buchenwald unter einem Mangel an Mineralstoffen gelitten hatte. Vitamin- und Nährstoffmangel hatte dazu geführt, dass sich meine Zähne gelockert hatten.

Diese Reise in den Tod begann am 10. April und endete am

6. Mai 1945, wenige Tage vor Ende des Krieges in Europa. Während all dieser siebenundzwanzig Tage fuhr der Zug von einem Punkt zum nächsten, nur um sofort wieder abzufahren. Wie bereits erwähnt, bestand die »Nahrung«, die ich zu mir nahm, aus einem Laib Brot, ein paar Grashalmen, und dem aussichtslosen Versuch, das Fleisch eines toten Pferdes zu lutschen. Und immer dem Regen und der Eiseskälte ausgesetzt.

In der letzten Phase der Irrfahrt und auch am Tag unserer Befreiung war ich von unzähligen toten Körpern umgeben, und auch ich fühlte, dass mein Körper im Begriff war, sich aufzulösen.

Die Befreiung

Im Morgengrauen des 6. Mai fuhren wir in einer Stadt ein. Wir lagen am Boden des Waggons und sahen tschechoslowakische Flaggen auf den Dächern der Häuser wehen. Wir verstanden, dass sich die Lage verändert hatte. Und plötzlich war der deutsche Soldat verschwunden. War er geflüchtet? War er gefangen genommen worden? Vielleicht hatte ihn jemand getötet? Wir hatten keine Ahnung. Es gab keinerlei Aufzeichnungen oder Begleitdokumente für diesen Zug, und daher war es auch nicht möglich, ihn aufzuspüren.

Wir kamen am Bahnhof von Terezin an. Diese Stadt war bereits befreit worden und unter tschechischer Herrschaft. Da unser Zug nicht der erste dieser Art war, waren die Menschen, die uns empfangen haben, auf den Anblick, der sie beim Öffnen der Waggons erwartete, bereits vorbereitet.

In meinem Waggon gab es genau sechs Überlebende. Ich habe keine Ahnung, wie viele Menschen in den anderen Waggons überlebt haben, aber aus all dem, was ich gelesen habe, schließe ich, dass es sogar noch weniger gewesen sind.

Wir sechs wurden auf Tragen in einen großen Saal getragen und dann nebeneinander auf Matratzen gelegt. In der ersten

Nacht wurden vom Roten Kreuz Essenspakete mit Schokolade und Keksen ausgegeben. Ich war kaum fähig, das Paket aufzumachen, und aß auch fast nichts. Nur die Schokoladentafel habe ich unter meinem Hemd versteckt; meine Erfahrung hatte mich doch gelehrt, dass sie sofort gestohlen werden könnte.

Bei Tagesanbruch kamen die Ärzte und Krankenschwestern und nahmen die Behandlung auf. Trotz ihrer Führsorge und Hingabe waren wir alle bereits dem Tode näher als dem Leben. Später erfuhr ich, dass drei Männer aus unserer Gruppe von sechs – diejenigen die den Inhalt der Pakete hatten essen können – innerhalb der folgenden Tage gestorben waren. Über das Schicksal der anderen zwei weiß ich nichts. Vielleicht war ich der einzige Überlebende des gesamten Waggons.

Krankheit und Lazarett

Als ich dann in ein Lazarett überstellt wurde, konnte ich meine Umgebung nicht mehr klar wahrnehmen. Obwohl ich verstand, dass ich nun frei war und auch mitbekam, dass ich mit unzähligen Injektionen medizinisch behandelt wurde, wusste ich nicht, wo ich war. Ich erinnere mich, dass ich völlig ausrastete, weil man mich nichts essen ließ. Auch bekam ich nur sehr wenig Wasser. Eine Schwester wurde abgestellt, um mich zu beruhigen und mir Geschichten zu erzählen. Andere kamen und stellten Fragen und schrieben alle möglichen persönlichen Daten auf.

Mir wurde erst viel später bewusst, dass die medizinische Behandlung und die fürsorgliche Atmosphäre nicht nur von großer Hilfe gewesen waren, sondern ursächlich dafür verantwortlich waren, dass ich überlebte.

Nichtsdestoweniger war ich verzweifelt und unglücklich. Ganz gleich, wie viel man für mein Wohlbefinden unternahm, ich war nie zufrieden. In diesen Tagen kümmerte mich nicht einmal meine Familie, das muss ich zugeben.

Erst später hörte ich die Beschwerden der Pfleger, und nach einiger Zeit verstand ich auch ihre Frustration etwas besser. Sie taten alles ihnen Mögliche, um mein Leben zu retten, meinen Körper und meine Seele zu kräftigen, und dann war da ich, undankbar und verbittert. Solch ein Patient kann wohl den aufopferndsten Pfleger oder Arzt zur Verzweiflung treiben.

Man muss sich jedoch auch immer vergegenwärtigen, dass ich bei der Befreiung nur noch 32 Kilogramm wog und daher der Genesungsprozess sehr langsam fortschritt und lange dauerte. Außerdem bekam ich noch eine andere Art von Typhus, was wieder einen gravierenden Rückschritt bedeutete.

Einige Zeit nachdem ich meine persönlichen Daten angegeben hatte, wurde mein Name auf der Liste der Überlebenden verzeichnet. Einer meiner Onkel sah diese Liste und schickte sofort jemanden zu mir. Ďuro, der ja schon in Piešťany war, erhielt die Nachricht von meinem Überleben etwa zur gleichen Zeit. Er und Onkel Arpad versuchten mich zu kontaktieren. Sie konnten nicht anrufen, denn das Telefonsystem funktionierte nicht. Stattdessen schickten sie ein Telegramm, in dem sie um meine Entlassung baten.

Die offizielle Antwort des Krankenhauses besagte jedoch, dass ich todkrank wäre und dass sie eine Überstellung in die Slowakei nicht vor meiner vollständigen Genesung erlauben würden.

Eines Tages besuchte mich Herr Fessler, der mit uns im Lager von Sered gewesen war. Er teilte dem Chefarzt mit, dass sowohl meine Familie wie auch die jüdische Gemeinde ihn mit einer Vollmacht, mich nach Hause zu bringen, geschickt hätten. Die Reaktion des Arztes fiel scharf und eindeutig aus: »Ohne Zweifel ist ihr Auftrag ehrenhaft und wichtig, Sie werden jedoch ohne den Jungen nach Hause fahren.« Herr Fessler, ein kultivierter und erfahrenen Mann, erhob seine Stimme: »Ich bin den Eltern dieses Kindes verpflichtet, und Sie werden mir nicht sagen, wer ihn zu ihnen bringen darf und wer nicht. Wir haben genug gelitten!« Der Doktor erwiderte ihm, dass er niemandem erlauben würde, mich aus dem Krankenhaus zu bringen, und wenn er das Krankenhausgelände nicht umgehend verließe, würde er die Polizei rufen. Dann gab der Arzt Herrn Fessler ein Papier mit dem medizinischen Befund, der meine ernste Verfassung darlegte. Dies hat er dann an meine Eltern geschickt.

In der Zwischenzeit verschlechterte sich mein Zustand, was unter den Ärzten große Besorgnis hervorrief. Zum frühestmöglichen Zeitpunkt wurde ich dann in eine Spezialklink in Prag gebracht. Dort dauerte es vier Monate, bis sich mein Gesundheitszustand nach und nach so weit gebessert hatte, dass ich von Prag nach Pieštany überstellt werden konnte.

Herr Dohany, ein entfernter Verwander von uns, brachte mich ins Haus von Onkel Arpad und Tante Lili in Pieštany. Dort traf ich endlich Ďuro, nachdem ich ihn so lange nicht mehr gesehen hatte.

Bei meiner Ankunft war ich immer noch so mager, dass ich kaum laufen konnte. Onkel Arpad und Tante Lili brachten mich zu einem Arzt, und dieser meinte: »Ich kann nicht sagen, ob der Junge noch einen oder zwei Tage lebt. Man muss darauf gefasst sein, dass er morgen früh nicht mehr aufwacht.«

Im Heim von Onkel Arpad und Tante Lili vergingen noch etliche Monate, bis ich mich gegen alle Wahrscheinlichkeit erholte. Auch bei der Rückkehr meiner Eltern war ich zu schwach, um sie vom Bahnhof abzuholen.

Im darauf folgenden Winter bekam ich schwere Arthritis und wurde erneut ins Krankenhaus gebracht – dieses Mal war es das jüdische Hospital in Bratislava. Ich blieb dort drei oder vier Monate lang. Da Arthritis mitunter eine schwere Krankheit ist und dabei auch das Herz angegriffen werden kann, wurde ich danach in einen Kurort zur Behandlung und Rekonvaleszenz geschickt. Es dauerte insgesamt ein ganzes Jahr, bis ich wieder auf meinen eigenen Beinen stehen konnte und wieder wie ein normaler Mensch leben konnte.

Mutter und Vater

Mutter

Nachdem Mutter von uns getrennt worden war, wurde sie auf direktem Wege von Birkenau über Bergen-Belsen in ein kleineres Konzentrationslager nahe Lippstadt im Herzen Deutschlands transportiert. Obwohl dies kein Vernichtungs-, sondern ein Arbeitslager war, gab es auch hier Appelle, war auch hier die Ernährung schlecht, waren die Bedingungen im Allgemeinen kurz gesagt mörderisch.[18] Die Arbeit bestand aus dem Nähen von Uniformen und der Herstellung von militärischer Ausrüstung für die deutschen Truppen. Jüdische Frauen arbeiteten Seite an Seite mit normalen Arbeiterinnen, die ins Lager kamen. Diese Arbeiterinnen waren aus zwei Gründen sehr wichtig: Erstens fungierten sie als Informationsquelle über die politische und militärische Lage, und zweitens waren sie eine Quelle für ins Lager geschmuggelte Lebensmittel. Mutter teilte ihr Stockbett mit Vali (später Frau Frank für uns). Sie wurden gute Freundinnen, und ihre gegenseitige Unterstützung trug dazu bei, ihre Moral so weit wie möglich zu heben und half ihnen zu überleben.

Vali war eine verheiratete Frau, ihr Ehemann kam jedoch nie mehr aus den Lagern zurück. Nach dem Krieg heiratete Sie, dank Mutters Vermittlung, Lapeč Frank, den Cousin von Vater.

Mutters Leiden in diesem Lager dauerte bis zum Ende des Krieges. Wegen seiner Lage war das Lager eines der letzten, das befreit werden sollte. Beim Einrücken der Alliierten ins Lager kamen zwei amerikanische Soldaten auf sie zu und sagten: »Sie haben einen Sohn in Buchenwald!« Vor der Einnahme von

Lippstadt hatten diese GIs offenbar in derjenigen Einheit gedient, die auch Buchenwald befreit hatte. Zufälligerweise hatten sie Naftali wohl gesehen und sich an mein Gesicht erinnert, bis sie dann Mutter trafen. Von diesem Augenblick an glaubte Mutter, dass ihr Sohn am Leben wäre, und ihr Herz war darum mit neuer Hoffnung erfüllt. Und so war es dann auch!

Wir hörten, dass Mutter überlebt hatte, aus dem Radio. Damals gab es eine Radiosendung, die Namen von Überlebenden veröffentlichte. Nach ihrer Befreiung kam sie nach Bratislava. Dort trafen wir sie wieder.

Vater

Nachdem wir getrennt worden waren, blieb Vater für eine Zeit in Birkenau. Nach zwei Wochen wurde er in das Konzentrationslager Dachau transportiert. Dort arbeitete er unter fürchterlichen Bedingungen in der Tischlerei. Nicht wenige unserer Bekannten, die in dieses Lager gebracht worden waren, haben nicht überlebt. Vaters Überleben war wirklich ein Wunder, vor allem wenn man seine partielle Lähmung seit seinem Schlaganfall in Betracht zieht.

Als sich die Frontlinie Dachau näherte, wurden die Häftlinge des Lagers in LKWs und zu Fuß evakuiert. Vater war unter denjenigen, die auf den Marsch geschickt wurden. Er wurde schließlich befreit, als er gerade nach Garmisch Partenkirchen, einer schönen deutschen Stadt in Südbayern, marschierte.

Einige Tage nach ihrer Befreiung machten er und seine Freunde ein Lagerfeuer, um sich zu wärmen. Plötzlich explodierte etwas. Die Flammen waren auf vergrabene Munition gestoßen und hatten diese zur Explosion gebracht. Eine Schrapnellladung verwundete Vater am Kopf, knapp neben seinem Auge. Er verlor viel Blut. Später meinte er uns gegenüber, dass er in diesem Moment das Schlimmste befürchtet hatte. Zu unser aller Glück blieb nur eine Narbe von dieser Verletzung.

Vater kehrte in relativ guter physischer Verfassung nach Bratislava zurück.

Heimkehr

Schon auf ihrem Weg nach Hause entdeckte Mutter den Namen von Vater auf einer Liste von befreiten Überlebenden. Erst bei ihrer Rückkehr nach Bratislava erfuhren sie jedoch von unserem Überleben. Mutter sagte uns später immer wieder, dass während der gesamten Zeit ihres schrecklichen Aufenthaltes im Lager alle ihre Gedanken und Sehnsüchte uns galten. Ihre einzige Hoffnung und ihr einziger Wunsch war es gewesen, uns wiederzusehen.

In der Tat, so lange sie lebte, akzeptierte sie alles mit Bescheidenheit und ohne große Ansprüche. So bedurfte es einmal einiger Überzeugungsarbeit, den Fernseher in ihrer Wohnung zu ersetzen. Sie war mit dem, was sie hatte, zufrieden.

Wieder in Bratislava

Das Haus, in dem wir vor dem Krieg gelebt hatten, war eine unbewohnbare Ruine. Es hatte keine Türen, Fenster, keinen Strom mehr. Unsere Eltern mieteten daher eine Wohnung in der Koziastraße 25 in Bratislava. Langsam erholten wir uns von unseren Wunden. In den ersten Tagen aßen wir bei der Jüdischen Gemeinde, aber bald danach richteten wir uns in unserem neuen Zuhause ein.

Im Herbst 1945, ein paar Monate nach Ende des Krieges, wussten wir bereits, dass in unserer weiteren Verwandtschaft nur Onkel Andor und seine Familie – insgesamt vier Menschen – Tante Lili mit ihrer Tochter Eva, Onkel Arpad und wir vier überlebt hatten. Keine anderen Familienmitglieder sonst hatten das Grauen überlebt. Nichtsdestoweniger versuchten wir weiterhin mit aller Kraft, etwas über das Schicksal unserer Lieben herauszufinden, die nicht mehr zurückkamen. Als die Zeit verging, erfuhren wir, dass alle bereits 1942 Deportierten ermordet worden waren. Dieses Schicksal teilten Tante Lido und ihr Sohn Hanzi, wie auch Onkel Laci, seine Frau Stela und Tochter Marika. Sie waren alle direkt in die Vernichtungslager geschickt worden – einige nach Majdanek, andere nach Treblinka.

Über das Schicksal von Rudi, dem Bruder von Mutter, erfuhren wir nie etwas. Wir wissen jedoch, dass unsere Großmutter mütterlicherseits direkt in ein Todeslager gebracht wurde. Tante Anička verstarb Anfang 1944 in Pieštany.

Unmittelbar nachdem wir unser neues Zuhause eingerichtet hatten, gingen wir wieder zur Schule. Um aufgenommen zu werden, mussten wir uns einer Prüfung unterziehen. Naftali erklärte jedoch, dass er sich nicht prüfen lassen werde, da er wegen seiner langen Abwesenheit von der Schule sowieso nicht bestehen würde. Trotzdem konnten wir ihn überreden, doch zur Aufnahmeprüfung zu gehen. Wir versicherten ihm, dass die Schulbehörde sein Schicksal ernsthaft berücksichtigen würde. Beide wurden wir in der Schule aufgenommen.

Zur gleichen Zeit wurden wir auch Mitglieder der jüdischen Jugendbewegung. Während Naftali der »Hashomer Hatzair«[19] beitrat, wurde Shmuel Mitglied bei »Maccabi Hatzair«[20]. Einmal sagte Naftali zu Shmuel: »Hör mal. Eigentlich gibt's keinen Grund, dass du immer noch zu Maccabi gehst. Der Tischtennistisch ist nämlich bei Hashomer Hatzair viel besser.« Und so fanden wir uns beide bei Hashomer Hatzair wieder.

Kurz nach unserer Rückkehr wurde ein Teil unseres Besitzes an uns rückerstattet. Das Holzlager hatte seinen Betrieb auch während des Krieges unter der Leitung des »Arisierers«, der es von Vater übernommen hatte, weiter geführt. Vater kontaktierte ihn und forderte die Rückgabe seines Betriebes. Der Nichtjude verweigerte dies mit dem Argument, dass er es legal in seine Hände bekommen hätte. Im Laufe ihres Gespräches tippte Vater auf seine Gesäßtasche und sagte: »Wenn du den Betrieb nicht aufgibst, wirst du bald sehen, was passiert.« Der Mann hatte keinerlei Ambitionen herauszufinden, ob Vater wirklich eine Pistole in seiner Hosentasche hätte. Pfeilschnell rannte er davon, und Vater übernahm wieder seinen Betrieb. Einige Zeit später legten die beiden Männer ihren Streit bei.

Vaters Betrieb blühte dank der rapiden Entwicklungen im Land wieder auf. Er fand auch einen jüdischen Partner für seinen Betrieb. Die Einkünfte erlaubten es uns, in ein schönes und geräumiges Haus am Stadtrand zu übersiedeln. Später konnten wir sogar ein Hausmädchen und eine Köchin anstellen. Zu dieser Zeit wurde auch das Haus, in dem wir geboren worden waren und in dem wir bis 1938 gelebt hatten, renoviert. Unsere Eltern wollten jedoch nicht mehr dort einziehen.

Am 18. Dezember 1945 organisierten unsere Eltern eine bescheidene Bar-Mitzva-Feier für Naftali. Unter den Geschenken, die er erhielt, war auch feinstes Leder für seine Schuhsohlen. Er war von diesem Geschenk sehr angetan und behielt es immer in seiner Erinnerung. Jahrzehnte später, in einem anderen Land, kaufte er für seinen Enkel ein ähnliches Geschenk. Es wurde ein Symbol, eine Brücke zwischen der Vergangenheit und der Gegenwart.

Im Dezember 1945 nahm Naftali an einem Winterlager von Hashomer Hatzair in den Súlóv-Bergen teil. Dort wurde das zukünftige Kibbuz Lehavot Chaviva proklamiert.

Shmuel war nicht in diesem Lager, da er wegen seiner Arthritis noch im Krankenhaus lag.

Wegen unseres Altersunterschiedes besuchten wir natürlich verschiedene Klassen in der Schule. Diese Tatsache und auch

Shmuels gesundheitliche Probleme führten dazu, dass sich unsere Wege im Alltag trennten. Eines war für uns beide sonnenklar: dass die Jugendbewegung, die auf eine Emigration nach Eretz Israel ausgerichtet war, für uns von größerer Bedeutung war als die Schule.

vermutlich die einzige Familie in der Slowakei, die sich nach dem Krieg wiedergefunden hat

Nach dem Krieg

Naftalis Bericht

Shmuel hat immer behauptet, dass ich der bessere Schüler als er gewesen sei, was ich jedoch nicht so sehe. Ich schloss neun Klassen mit großen Schwierigkeiten ab. Nach Abwägung aller Möglichkeiten für meine weitere Ausbildung beschlossen meine Eltern und ich, dass es für mich das Beste wäre, ein Handwerk zu erlernen. Ich schrieb mich daher in einer Schule für Kunstgewerbe in Bratislava ein. Zwei Jahre lang studierte ich Fotografie und schloss diese Schule 1949 ab.

Im Februar 1949, meine Eltern waren diesbezüglich schmerzlich unschlüssig, stimmten sie schließlich meiner Emigration nach Israel im Rahmen der »Jugend-Aliya«[21] zu. Shmuel, der zu dieser Zeit mit einigen Gleichaltrigen an einem Hachshara Programm[22] (der hebräische Begriff bezeichnet die Ausbildung für die Arbeit in Israel) teilnahm, arbeitete als persönlicher Gehilfe für den ersten Konsul in der israelischen Gesandtschaft in Prag.

Ich war Mitglied der »El-Al Gruppe«[23] in der Ortsgruppe Bratislava von Hashomer Hatzair. Das zentrale Büro der Bewegung hatte beschlossen, dass wir einem der bestehenden Kibbuzim[24] als Mitglieder beitreten sollten.

Als ich die Tschechoslowakei verließ, war es klar wie das Licht der Sonne, dass meine Eltern und Shmuel bald folgen würden. Ich habe keinen Gedanken daran verschwendet, dass vielleicht die Möglichkeit bestand, sie nie wieder zusehen. Die ganze Familie versammelte sich am Bahnhof, um mich zum Abschied zu küssen. Shmuel fuhr bis zur österreichischen Grenze mit mir mit. Von dort fuhren wir bis nach Bari in Süditalien. Nach drei Tagen Reise gingen wir an Bord der »Medex«, einem kleinen Schiff, das uns an die Küste von Israel bringen sollte. Sogar ich, der ich noch nie mit einem Schiff gefahren war, konnte sehen, wie klein, rostig und heruntergekommen das Schiff war. Und wir waren zweihundert Jugendlich an Deck. Trotz unserer Besorgnis schaffte es das Schiff über das Mittelmeer und nach einer Woche in den Hafen von Haifa. Bei unserer Ankunft in Israel waren wir alle erfüllt von Freude und Begeisterung.

Direkt nachdem wir von Bord gegangen waren, mussten wir uns dem Prozess der Desinfektion mit dem berüchtigten DDT unterziehen. Dann wurden wir in ein Zentrum für Neuankömmlinge in Haifa gebracht. Dort wurde uns mitgeteilt, dass wir dem Kibbuz Kfar Masaryk[25] beitreten konnten. Es war der erste Kibbuz, den wir je besuchten. Schließlich entschied die Bewegung von Kibbuz Artzi, dass wir dem Kibbuz Maanit[26] beitreten sollten.

Nach einem zweiwöchigen Aufenthalt in Haifa kamen wir schließlich nach Maanit. Die Familien und die Mitglieder des Kibbuz waren noch nicht dort. Sie waren noch nicht von ihrer Evakuierung im Zuge des israelischen Unabhängigkeitskrieges zurückgekehrt. Es gab immer noch Kampfhandlungen in den nahe gelegenen von Jordanien besetzten Gebieten.

In Maanit waren wir Mitglieder der »Jugendgruppe«. (Dieser Begriff bezeichnete diejenigen Jugendlichen, die den Kibbuzim für die Zeit ihrer Arbeit und Ausbildung vor dem Militärdienst beigetreten waren.)

In Maanit begann ein neuer Abschnitt in meinem Leben.

Wir waren ca. sechzig männliche und weibliche Jugendliche im Alter zwischen sechzehn und siebzehn. Wir begannen umgehend mit der Arbeit und unserer Ausbildung. Ich selbst arbeitete in einer Zimmerei. Ich mochte dieses Handwerk, in dem ich ja schon zuvor gearbeitet hatte.

Die meisten von uns betrieben auch Sport, hauptsächlich Volleyball. Ich war einer der besten Spieler in dieser Sportart.

Wir waren jedoch sehr verwundert darüber, dass die Mitglieder des Kibbuz das Thema Holocaust nie erwähnten. Mehr noch, sie nahmen es nicht einmal wahr. Zum Beispiel, nachdem wir uns einmal darüber mokiert hatten, dass es nicht genug zu essen gab, hielt unsere Beraterin eine lange Rede über die schweren Zeiten in Eretz Israel. Über Mahlzeiten, die aus einem halben Hühnerei bestanden, und dergleichen mehr. Sie und ihre Kameraden dachten nie an all die Jahre des Hungers und Leidens, die wir durchgemacht hatten. Wer von uns hatte nicht von einem Ei geträumt?!

Wir lebten und lernten im Kibbuz bis 1950. In diesem Jahr wurden wir in die Nachal-Einheit[27] der israelischen Armee einberufen. Ich jedoch konnte der Armee absolut nichts abgewinnen. Ich lehnte den Militarismus ab, das Training, die Befehle und die Armee als Ganzes. Dennoch wurde ich für tauglich befunden und zur Offiziersausbildung berufen. Ich lehnte das Angebot jedoch ab. Andererseits betätigte ich mich in der Armee aktiv beim Volleyball, wurde zuerst Teamspieler bei Na-

Naftali mit 32 Jahren

chal und später im ersten Team der Israelischen Verteidigungsstreitkräfte.

Nach Beendigung meines Militärdienstes kehrte ich für kurze Zeit in den Kibbuz von Maanit zurück.

Shmuels Bericht

Ich kann nicht sagen, ob mich die Schule oder die Jugendbewegung mehr interessierte, das Lernen für die Schule bereitete mir jedoch große Schwierigkeiten. Ich schaffte kaum die zwei Klassen, die ich noch absolvieren musste. Es war mir oft unmöglich, mich auf die Fächer zu konzentrieren und dem genauer zu folgen. Ich passte nicht mehr in das System der Schule hinein. Alles, was in meiner früheren Kindheit existiert hatte, hatte sich in Luft aufgelöst, und ich war unfähig, es wieder zu beleben. Es kam der Moment, an dem meine Überzeugung die Oberhand gewann, dass wir nicht mehr an diesen Ort gehörten.

Nach eineinhalb Jahren stieg ich aus der Schule aus und absolvierte ein «Hachshara Programm« in Košice. Später verbrachte ich noch ein Jahr in einem landwirtschaftlichen Ausbildungsprogramm in Bayern.

Nach der Ideologie der Bewegung gab es drei zentrale Prinzipien: Eretz Israel zu besiedeln, das Land zu bearbeiten, und ein Pionier zu sein. Für mich war es klar, dass es keinen Grund gab, in der Slowakei zu bleiben. Je mehr Zeit verging, desto stärker wurde diese Überzeugung.

Es dauerte etwa zweieinhalb Jahre, bis das Nachkriegsregime in der Tschechoslowakei zerbrach, nur um von einer kommunistischen Diktatur ersetzt zu werden. Ihre Vertreter begannen damit, unsere Familie zu schikanieren, da unser Vater als wohlhabender Mann galt – und das mochten sie nicht. Darüber hinaus war er Jude. Da der Antisemitismus ein wesentliches Merkmal der neuen Regierung war, war auch diese Tatsache nicht zu seinen Gunsten. Eines Tages kam eine Abordnung in unser Haus und forderte uns auf, dieses zu verlassen. Die Agenten behaupteten, dass die Wohnung für drei Personen zu groß sei. Das passierte just an dem Tag, als ich von einem freiwilligen Arbeitslager, das von der sozialistischen Bewegung organisiert worden war, zurückkehrte. Zum Abschluss dieses Einsatzes hatte ich ein Ehrenzeichen und eine Dankesurkunde für meinen Beitrag für das Land erhalten. Mit dieser Urkunde in meiner Hand wandte ich mich an die Agenten und sagte: »Wie kann das sein, auf der einen Seite bekomme ich diese Urkunde, und auf der anderen Seite kommt ihr und wollt mich aus meiner Wohnung werfen?!« Ich glaube, dass meine Standhaftigkeit sie davon abgehalten hatte, ihr Vorhaben in die Tat umzusetzen.

Trotz dieser widrigen Umstände wollten meine Eltern in Bratislava bleiben. Ich versuchte sie davon zu überzeugen, dass sie nach Israel emigrieren sollten, und erklärte ihnen, dass ich trotzdem auswandern würde.

Mein letztes Trainingsprogramm war in Unhošt, einem Dorf fünfzig Kilometer von Prag entfernt. Es handelte sich dabei um ein reines landwirtschaftliches Ausbildungsprogramm. Ein ernstes Problem stellte sich jedoch. Es gab nicht genügend Jobs für uns alle im Hachshara Programm. Daher wurden einige nach Prag geschickt, um hauptsächlich innerhalb der zionistischen Bewegung und der Jewish Agency[28] zu arbeiten. Eine Anstellung in der israelischen Vertretung sollte mir dann zufallen. Ich wurde der Sekretär von Rafi Benshalom, dem ersten Sekretär und Generalkonsul der Gesandtschaft. Rafi, ein Mitglied des Kibbuz von Haogen, verstarb vor einigen Wochen. In dieser Funktion kümmerte ich mich vornehmlich um Reisepässe, Transitpapiere und konsularische Angelegenheiten.

Ein weiterer Arbeitsbereich war die Überstellung von Maschinen für Holzverarbeitung und Schlossereien wie auch LKWs zu unseren zukünftigen Kibbuzim in Israel. Wir finanzierten diese Geräte durch Geldmittel, die wir in unserer Zeit bei der Bewegung sammelten und später im Hachshara Programm und durch Erbschaften unserer Mitglieder aufbrachten. Der ursprüngliche Plan war, in Israel mit diesem Material anzukommen, um dort sofort mit der Produktion von Gütern für die Kibbuzim beginnen zu können. Leider bekamen wir nur für einen Teil der Maschinen die Ausfuhrgenehmigungen aus der Tschechoslowakei. Den Devisenüberschuss transferierten wir via Österreich nach Deutschland. Dort erwarben wir die notwendigen Geräte und verschifften diese dann nach Israel.

Zur Zeit unserer Ausbildung bei Hachshara waren bereits die Kommunisten in der Tschechoslowakei an der Macht. Es war allen jüdischen Kommunisten sehr bewusst, dass die Möglichkeit, aus dem Land nach Israel auszureisen, zeitlich begrenzt war. Alle jüdischen Einrichtungen und vor allem die Jugendbewegungen, unter denen Hashomer Hatzair eine führende Position einnahm, drängten die Juden, das Land so rasch wie möglich zu verlassen, denn die Grenzen würden bald geschlossen werden. Jeder Tag brachte neue Maßnahmen und Einschränkungen mit sich. Zu Beginn schienen sie ausschließlich auf das wohlhabende Bürgertum ausgerichtet zu sein. Bald jedoch nahmen sie die Form eines scharfen Antisemitismus an. Eine Atmosphäre der Auflösung griff unter denjenigen Menschen um sich, die vorhersahen, was passieren würde.

Nach dem ursprünglichen Plänen sollte ich zusammen mit meinen Eltern nach Israel aufbrechen, sogar vor Naftalis Abreise. Da sich jedoch das Ende der zionistischen Organisationen in der Tschechoslowakei abzuzeichnen begann, wurde ein Notplan erstellt. Weil ich eine Schlüsselposition innehatte, entschieden wir, dass ich so lange wie notwendig auf meinem Posten verbleiben sollte. Die meisten meiner Altersgenossen von Hachshara verließen das Land 1948, und ich war für 1949 vorgesehen.

Nafatli emigrierte im Februar 1949. Onkel Andor und Tante Berta brachen im April 1949 nach Israel auf. Zu dieser

Zeit packten meine Eltern ihre Habe in einen Container und verschifften diesen nach Israel.

Wir verließen Bratislava am 20. April 1949 per Eisenbahn nach Bari in Süditalien. Dort verbrachten wir einige Zeit in einem Lager für Auswanderer.

Es war unser erster Kontakt mit der westlichen Welt, und wir sahen zum ersten Mal das Meer. Von beidem waren wir sehr beeindruckt.

Nach einigen Tagen in Bari gingen wir an Bord der »Galila«. Das Schiff war überfüllt, und die allgemeinen Bedingungen waren sehr schlecht. Zusätzlich war die See unruhig; die meisten Menschen wurden seekrank.

Wir erreichten die Küste vor Haifa am 5. Mai 1949. Naftali erwartete uns am Hafen. Er trug ein blaues Hemd und khakifarbene Shorts mit einem breiten Gürtel. Er erzählte uns später, dass er den gesamte Kibbuz nach diesen Dingen abgesucht hatte, nur um wie ein Israeli auszusehen.

Nach der Prozedur der DDT-Desinfektion verabschiedete ich mich von meinen Eltern und bestieg einen Lastwagen zum Kibbuz Merchavia.

Ich glaube, dass mein Eingewöhnungsprozess in Merchavia gut verlaufen ist. Die Stimmung und Haltung, die uns hier entgegengebracht wurde, war fair. Es war nicht einfach, sich an das heiße Klima in Israel zu gewöhnen. Der Winter von 1950 mit ungewöhnlich viel Schnee kam jedoch bald. In diesem Winter übersiedelten wir aus unseren Zelten in die Schülerheime von »Mossad Chinuchi« (eine Bildungseinrichtung mit einer Art Mittelschule). Sie waren speziell für uns geräumt worden.

Im Laufe des Jahres, das wir in Merchavia verbrachten, lernten wir viele Dinge und auch das Land kennen. Für die Bewegung Hashomer Hatzair war es damals das »Zentrum der Welt«.

Während meines Aufenthaltes in Merchavia war ich auch intensiv mit den Vorbereitungen zur Gründung unseres eigenen neuen Kibbuz Lehavot Chaviva beschäftigt. Als Tischler arbeitete ich gemeinsam mit anderen an der Errichtung von

Holzhäusern und ihrer Innenausstattung, einem Speisehaus, der Gestaltung des Umlandes und der Anlage und vielem mehr.

Im Oktober 1949 feierten wir die Gründung des Kibbuz. Es befindet sich auch heute noch am selben Ort, wurde dann aber in Moshav Sde Yitzhak umbenannt. Im Sommer von 1950 übersiedelten wir auf das Gelände des Kibbuz Lehavot Chaviva. Diese Umsiedlung erforderte zusätzliche Arbeiten an den Unterkünften. In jedem Raum, meist drei mal drei Meter, waren vier Menschen untergebracht. Naomi und ich richteten uns einen Familienraum ein. Da dies in unserem Kibbuz noch nicht vorgesehen war, leerten wir den Container meiner Eltern und zogen dort ein. Obwohl es dort kein Wasser und keinen Strom gab, waren wir glücklich. Wir heirateten nach kurzer Zeit und begründeten so unser Familienleben. Wir haben zwei Söhne und eine Tochter: Eitan, unser Erstgeborener, war 26 Jahre alt, als er Hela Har'el heiratete. Sie leben in Ramat Hasharon und haben drei Kinder: Ofer, achteinhalb, Yael, vierzehn, und Maya, sieben Jahre alt.

Shmuels 70. Geburtstag (2. Reihe, 4.v.l.) im Jahr 2001

Nira, unser zweites Kind, heiratete Shuli Gal aus dem Kibbuz Baram[29]. Auch sie haben drei Kinder: den neunjährigen Livnat, Adar und Maayan, sieben bzw. fünf Jahre alt.

Unser jüngster Sohn Iri heiratete Eti Oved. Sie leben mit uns im Kibbuz. Sie haben zwei Töchter, Gal und Chen, fünf und drei Jahre alt, und einen Sohn, der 1999 zur Welt kam.

Der Bericht über unsere Eltern

Unsere Eltern wurden vom Hafen in Haifa in das Auffanglager von Shaar HaAliya gebracht.

Sie wurden dort in einem von der Jewish Agency errichteten und mit Eisenbetten ausgestatteten Zelt untergebracht. Das war für Menschen ihres Alters nicht einfach – Vater war damals bereits 51 Jahre alt und krank. Noch in Bratislava hatte er seinen Cousin, Mišo Hecht, gebeten, ein Zimmer oder eine Wohnung für sie anzumieten, sodass ihnen die ermüdende Erfahrung eines Auffanglagers erspart bleiben würde. Seine Reaktion – wir wollen eigentlich nicht weiter darauf eingehen – war nicht sehr schicklich. Kurz: Bei der Ankunft unserer Eltern in Israel merkten sie, dass von Vaters Cousin keinerlei Vorbereitungen getroffen worden waren.

Der Aufenthalt von Mutter und Vater in dem überfüllten und unerfreulichen Lager war für sie ziemlich traumatisch. Es war für sie sehr bedrückend, dass sie sich vor dem Wasch- oder dem Speisehaus anstellen mussten, dass sie in einem Zelt hausen mussten. Wir beide waren erschüttert, als wir sie im Lager wieder trafen.

Ein Monat verging. Sie mieteten sich ein Zimmer im Hotel Weiss in Haifa. Vater kontaktierte einige Freunde und versuchte so, wieder in einem Betrieb Fuß zu fassen. Alle Versuche scheiterten jedoch. Mutter beschäftigte sich eine Zeit lang mit Näharbeiten, aber ihr Einkommen war sehr kärglich. Das ihnen zur Verfügung stehende Geld schwand rasch, und Vater war sehr verzweifelt. Unter diesen Umständen, ihren finanziellen und sozialen Problemen, beschlossen wir beide, dass wir die Verantwortung für das Wohlergehen unserer Eltern in die Hand nehmen mussten. Zusätzlich zu all diesen Schwierigkeiten wurde Mutter auch noch krank. Einige Wochen lang nahmen wir sie zu uns nach Maanit und Merchavia. Wir alle durchlebten damals eine sehr schwierige Zeit.

Im Gegensatz zu unseren Eltern waren wir glücklich, und trotz der kärglichen Lebensbedingungen in Zelten erschien uns die Zukunft vielversprechend. Wir hatten unsere Arbeit, lernten Hebräisch und waren Teil eines sozialen Netzes.

Im Herbst 1950 gründeten Shmuel und seine Kameraden den Kibbuz Lehavot Chaviva. Kurz danach beschloss unsere Familie, dass auch unsere Eltern diesem Kibbuz beitreten sollten, mit dem Status als Eltern eines Mitglieds. Zu dieser Zeit lebten bereits Naomis Mutter und ihr Stiefvater im Kibbuz (Das war noch, bevor Shmuel und Naomi geheiratet hatten). Es war keine leichte Entscheidung, denn es mangelte an vielem in diesen ersten Tagen eines jungen Kibbuz. Die Nähe zu Shmuel verschaffte ihnen jedoch ein Gefühl der Sicherheit und Ruhe. Sie wurden in einer Hütte untergebracht und richteten diese mit den Möbeln ein, die sie aus der Tschechoslowakei mitgebracht hatten. Ein neues Leben begann damit auch für sie: Vater arbeitete in einer Tischlerei und Mutter in der Wäsche- und Näheinheit des Kibbuz. Der Kibbuz war die vernünftigste Lösung, die wir für ihr neues Leben anbieten konnten.

Unsere Eltern bedauerten es nie, nach Israel gekommen zu sein. Für Vater war die Entscheidung, ein neues Leben zu beginnen, nicht leicht gewesen, und es hatte ihm einiges an Überwindung gekostet. Er war nie ein Mensch gewesen, der davon geträumt hatte, nach Amerika oder Australien zu gehen. Andererseits hatte die sich verändernde politische Lage in der Tschechoslowakei ihn zu diesem Schritt ermutigt. Wir hörten die Nachrichten und Gerüchte über Judenverfolgungen in der Slowakei und all die Schwierigkeiten, denen die Juden dort ausgesetzt waren. Daher priesen wir jede Minute, die wir nicht in diesem Land verbringen mussten. All unsere sozialen Kontakte zu Menschen und Freunden, die dort lebten, haben wir abgebrochen, denn wir fürchteten, dass sie wegen ihrer Verbindungen zu Israel und Juden verfolgt würden. Die meisten von ihnen verbargen ihre jüdische Identität.

1950 wurde Eitan geboren. Unsere Eltern waren glücklich, mit unserer nun vergrößerten Familie zu leben.

Wir können mit besten Gewissen sagen, dass Mutters Leben im Kibbuz ein erfülltes war. Im Gegensatz zu ihr war Vater jedoch voller Kritik. Er war nie ein Sozialist gewesen, aber andererseits kam er mit den Männern im Kibbuz sehr gut aus. Er liebte Witze, hauptsächlich auf Ungarisch. Er mochte diese Sprache und unterhielt sich oft mit den Menschen, die aus Ungarn gekommen waren. Während Vaters Hebräischkenntnisse ausreichend waren, sprach Mutter diese Sprache fließend. Ihre gesamte Integration in das israelische Umfeld war erstaunlich. Ihr Leben von neunzig Jahren war in gleich große Abschnitte geteilt: Fünfundvierzig Jahre lang lebte sie in der Tschechoslowakei und fünfundvierzig Jahre lang in Shmuels Kibbuz in Israel.

Artur und Margit Fürst in Israel

Reise zu unseren Wurzeln

Shmuel

Nach Ende des kommunistischen Regimes und der Befreiung der Tschechoslowakei war es uns Israelis wieder möglich, das Land unserer Herkunft zu besuchen. Vier Jahrzehnte lang war der Gedanke an solch einen Besuch für uns undenkbar gewesen[30].

Wir unternahmen diese Reise nach einigem Zögern in unserer Familie und vor dem Hintergrund des speziellen Wunsches unseres Enkels Ofer, die Orte unserer Jugend zu sehen. Die Reise war unser Bar-Mitzva-Geschenk an ihn.

Obwohl ich über unsere Familiengeschichte und über das Schicksal unseres Wohnhauses gut informiert war, war der Schock, den ich erlebte, wohl unausweichlich. Ich war sehr aufgeregt und nervös, als ich meine Füße wieder auf tschechoslowakischen Boden setzte. Meine Gefühle gegenüber diesem Land waren ambivalent. Einerseits war unser Leiden dort unbeschreiblich gewesen, andererseits waren wir dort geboren worden, und die Lieder, Gerüche, die Aromen, die Bäume und das Gras waren alle ein Teil von uns.

Unser Plan war es, mit den Orten unserer Kindheit und Jugend zu beginnen und dann eine Besichtigungstour durch das Land zu unternehmen. Unsere Gruppe bestand aus Ofer und seinen Eltern Hela und Eitan, Nira und Iri und natürlich Naomi und mir. Wir besuchten die Gräber unserer Vorfahren und entdeckten, dass einige der Gräber nicht mehr existierten und dass einige der Friedhöfe aufgelassen worden waren. Unser emotionalster Besuch war der im Friedhof von Prešov, der Geburtsstadt von Naomi. Ihr Vater war dort ermordet und auch beigesetzt worden.

Der zweite Teil unserer Reise – der wohl schwierigste – war unsere Begegnung mit den Orten, die wir von früher gekannt hatten. Es war nichts übrig. Sie waren alle völlig zerstört worden. Wo einst unser Haus gestanden hatte, dem Ort unserer Geburt und Kindheit, befindet sich heute eine Brücke. Das Haus unserer Großmutter mütterlicherseits ist verschwunden. Heute stehen dort gigantische Wohnblocks. Orte, die noch kurz nach dem Krieg bestanden hatten, sind verschwunden. Ich fühlte auch körperlich, jenseits meiner Emotionen, dass eine Welt zusammengebrochen war. Ich genoss das dortige Essen und die Musik, aber nicht einen Moment lang kam mir der Gedanke, dass ich noch in dieses Land gehörte. Nicht zu denken daran, dass ich dort jemals wieder leben könnte.

Für mich bedeutete die Einsicht, dass die Vergangenheit für immer verloren war, den Abschluss eines weiteren Kapitels in meinem Leben. Ich glaube, dass diese Reise auch für meine Kinder und Ofer eine sehr wichtige und bedeutungsvolle Erfahrung war. Sie überstieg alle meine Vorstellungen und Gedanken, die ich mir gemacht hatte.

Naftali

Ich besuchte zusammen mit meiner Partnerin Rachel die Tschechoslowakei im Jahre 1989, zehn Tage vor der Samtenen Revolution, die für das kommunistische Regime des Landes das Ende bedeutete. Während dieser sieben Tage wehten noch die roten Fahnen, die Banner mit den kommunistischen Slogans waren noch zu sehen. Meine Rückkehr in das kommunistische Land war von einem eigenartigen Gefühl begleitet. Ein starker Drang zog mich in die Slowakei und zu den Stätten meines Erwachsenwerdens, die so tief in meinem Gedächtnis eingebrannt sind. Es waren sieben Tage der Trauer und der Tränen.

Wir fuhren von Ort zu Ort. Ich habe viele Fotos gemacht, die ich meiner Mutter und Shmuel zeigen wollte.

Ich versuchte auch, mit Bekannten von früher Kontakt aufzunehmen, vor allem mit Jožko, der uns während unserer Zeit im KZ sehr geholfen hatte. Er hatte für Onkel Andor gearbeitet und einige Aufträge erledigt. Er hat uns auch Lebensmittel zukommen lassen. Ihn und seine Frau habe ich getroffen. Auch mit einem entfernten Cousin, Inga, und mit einer weiteren Frau, Shmuels Mitschülerin und Freundin, habe ich Kontakt aufgenommen. Ein Teil meiner Zeit in der Slowakei war den jüdischen Friedhöfen in Bratislava gewidmet. Trotz der emotionalen Last, die ich während meines Besuches spürte, überkam mich am Ende ein Gefühl des Triumphs: Da bin ich nun, aus einem hoch entwickelten und blühenden Land, und besuche eine rückständige und armselige Gesellschaft! Wir, die Überlebenden des Holocaust, sind frei und voll Leben, stolz auf unser Land. Es war ein sonderbares Triumphgefühl.

Anmerkungen von Joachim Wiesner

[1] Als *Aliya* wird im Hebräischen die Einwanderung nach »Eretz Israel« oder »Eretz Yisrael« (dem Land Israel, das ist das moderne, zu besiedelnde jüdische Heimatland in Palästina) bezeichnet. Dieses alte biblische Wort bedeutet wörtlich »Aufsteigen« und hat eine religiös-spirituelle Bedeutung – Auffahrt (nach Zion). Es ist die Verwirklichung des rituellen Gebetsspruchs »Nächstes Jahr in Jerusalem.« Jüdische Einwanderer werden als *oleh* (Pl. *olim*) bezeichnet. Insgesamt zählen Historiker von 1882 bis zur Gründung des Staates Israel im Jahr 1948 fünf Einwanderungswellen, zahlenmäßig war die Einwanderungsbewegung besonders zwischen 1948 und 1951 am stärksten.

[2] Petržalka (deutsch Engerau, ungarisch [Pozsony-]Ligetfalu) ist heute der 5. Bezirk von Bratislava (Pressburg/Pozsony). Er liegt am Westufer der Donau in unmittelbarer Nähe zur österreichischen Grenze mit den Grenzübergängen Berg und Kittsee und war bereits während der NS-Zeit aufgrund der Donaubrücke für die Deutschen von strategischer Bedeutung.

Anfang des 20. Jahrhunderts entstand der slowakische Name Petržalka (offiziell seit 1919), der vom Wort pertržal (deutsch Petersilie, hochslowakisch petržlen) abgeleitet ist, weil in den dortigen Gartenkolonien Gemüse für Bratislava/Pressburg angebaut wurde. Im Jahr 1890 (Volkszählung) hatte der Ort 905 Einwohner, davon 87,8% Deutsche, 6,0% Slowaken und 3,9% Ungarn. Durch die bald danach einsetzende Massenzuwanderung vor allem slowakischer Bauern, die in der Industrie Arbeit fanden, veränderten sich die ethnischen Verhältnisse stark. 1921 (Volkszählung) gab es 3861 Einwohner, davon nur mehr 52,9% Deutsche, 32,4% Slowaken und 14,5% Ungarn.

Infolge des Münchner Abkommens wurde Petržalka am 10. Oktober 1938 dem Deutschen Reich (Ostmark, Gau »Niederdonau«) einverleibt und nach seinem deutschen Namen Engerau benannt. Das nicht weit entfernte, am linken Donauufer gelegene Devín wurde am 21. November 1938 samt Umgebung besetzt. Die Zeitungen schrieben damals: »Nach Petržalka mit dem Reisepass!!!« Die Besetzung widersprach dem Wortlaut des Münchner Abkommens, da hier die deutsche Bevölkerung weniger als 50% stellte und es auf der Volkszählung von 1910 basierte, als die Deutschen hier noch die Mehrheit der Einwohnerschaft gestellt hatten.

In der Folge entstanden hier große Rüstungsbetriebe (die zwei größten Fabriken Matador und Kovosmalt wurden dem Wiener Semperit-Werk angeschlossen und produzierten dann Waffen für die Wehrmacht). Ende November 1944 wurde ein Lager für jüdische Zwangsarbeiter (v.a. aus Ungarn) in Petržalka eingerichtet, das bis Ende März 1945 bestand.

[3] »Hlinková Garda« – Diese Truppe war eine Miliz- und Kampforganisation von Hlinkas Slowakischer Volkspartei (HSLS) in der Zeit von 1938 bis 1945. Der Name geht auf den Priester Andrej Hlinka (1864-1938) zurück, der sei-

ne in Ungarn verbotene SLS im Dezember 1918 nach dem Vertrag von Saint-Germain wieder gegründet hatte. Sie war eine stark nationalistische Gruppe und kämpfte mit allen Mitteln gegen die »Tschechisierung« der Slowakei, gegen Juden, Linke, jegliche Opposition, auch in starker Kooperation mit Hitlerdeutschland. Sie trugen schwarze Uniformen, grüßten mit erhobenem Arm. Zur Zeit der slowakischen Unabhängigkeit (1939-1945) wurde für die Hlinka-Garde eine Reihe von Verordnungen durch das Regime erlassen: Sie sollte als der Partei angegliederte Organisation den Patriotismus fördern, paramilitärische Ausbildung bieten und über die innere Sicherheit wachen. Sie fungierte als Gegengewicht zur Armee und zur Polizei. 1941 wurden Stoßtruppen der Hlinka-Garden in SS-Lagern in Deutschland ausgebildet. Ab 1942 »unterstützte« sie die Polizei und die örtliche Freiwillige Schutzstaffel aktiv bei der Deportation von Juden. Nach dem Slowakischen Nationalaufstand im August 1944 übernahm die SS die Führung der Hlinka-Garde. Sondereinheiten der Garde wurden vor allem gegen Partisanen und Juden eingesetzt. Vgl.: Y. Jelinek, Storm-Troopers in Slovakia. The Rodobrana and the Hlinka Guard, in Journal of Contemporary History 6 (1971), S. 97-119.

4 Der Judenstern war ein sechseckiger Stern aus zwei ineinander geschobenen schwarz umrandeten gelben Stoffdreiecken. In der Mitte stand die schwarze Aufschrift »Jude«. Seit dem 23.11.1939 mussten sich alle Juden in den von deutschen Truppen besetzten polnischen Gebieten so kennzeichnen. Am 2.9.1941 wurde auch für alle Juden im Deutschen Reich und im Protektorat Böhmen und Mähren verfügt, dass sie ab dem 19.9.1941 den Stern zu tragen hatten. Es wurde angeordnet, dass es allen Juden ab dem sechsten Lebensjahr verboten sei, sich in der Öffentlichkeit ohne Judenstern zu zeigen. Die Juden mussten den Stern sogar bezahlen und auf einer Empfangsbestätigung bescheinigen: »Ich verpflichte mich, das Kennzeichen sorgfältig und pfleglich zu behandeln ...«

In der Slowakei schrieb der so genannte »Judenkodex« vom 9. September 1941 das Tragen des Judensternes ab 19. September 1941 zwingend vor. Die Verordnung 401/1941 ergänzte dazu: Der Judenstern muss 6 cm groß sein, gelb, mit blauem Rand, ist verpflichtend für alle Juden mit Ausnahme von Kindern bis zu 6 Jahren oder denjenigen, die getauft waren und einen nichtjüdischen Elternteil hatten; ausgenommen waren auch Juden mit nichtjüdischem Ehepartner.

In der Folge wurden noch zwei weitere Verordnungen zum Thema Judenstern in der Slowakei erlassen: Die Verordnung 103/42: 10 cm großer Judenstern, gelb, ohne Rand. Verordnung 492/42: Wirtschaftlich wichtige Juden müssen einen Kleinstern aus Plastik, 3 cm, mit der Aufschrift »hž« tragen. Die beiden Buchstaben »hž« standen für »Hospodársky Žid«, auf Deutsch »gesellschaftlich gehobener Jude«. Alle anderen einen 10 cm großen Judenstern aus gelbem Tuch. Ausnahmen: vor dem 14.9.1939 getaufte Juden, Juden aus gemischten Ehen. Siehe auch: http://www.shoa.de/content/view/245/46/.

5 Yeshiva: Jüdische Toraschule.

6 Das Lager von Sered lag in der Südslowakei und war ursprünglich ein Militär-

lager (und ist es auch heute noch). Es wurde im Frühjahr 1942 zu Beginn der Massendeportationen nach Polen eröffnet. Die Leitung und Bewachung unterstanden der slowakischen Hlinka-Garde unter der Führung von Imrich Vašina. Im Jahre 1942 wurden in fünf Transporten insgesamt 4500 Juden über dieses Lager nach Polen deportiert.
Nach dieser ersten Deportationswelle diente das Lager als profitable Produktionsstätte für zivile Güter. Die Verhältnisse im Lager werden ab 1942 als recht gut beschrieben. Es gab für Häftlinge Arbeitserlaubnisse außerhalb des Lagers, eine Kindergartenbetreuung wurde organisiert, ebenso Grundschulklassen; weibliche Häftlinge unterrichteten die Kinder.
Nach den Deportationen von 1942 lebten im Lager Sered etwa 1000 Personen, 1943 erhöhte sich die Zahl auf 1300. Dem Lagerkommandanten stand ein jüdischer Lagerrat unter Alexander Pressburger zur Seite. Angehörige von Jugendbewegungen schlossen sich zusammen und organisierten zwei aktive Gruppen, eine des Makkabi Hazair und eine von Haschomer Hazair. Ein umfangreiches kulturelles Programm mit Theateraufführungen, musikalischen Darbietungen, Sprachkursen und Vorträgen wurde veranstaltet. Es existierten sogar einen Sportplatz und ein Schwimmbad.
1944 wurde im Lager die Untergrundbewegung organisiert, die auch Waffen in das Lager schmuggelte. Während des Slowakischen Nationalaufstandes im August 1944 wurde das Lager kurzzeitig geöffnet. Viele der Häftlinge setzten sich ab, zahlreiche schlossen sich auch den Aufständischen an. Sofort nach der Niederschlagung des Aufstandes und der deutschen Besetzung der Westslowakei wurde das Lager erneut eingerichtet, Kommandant wurde der zuvor in Wien tätige Alois Brunner (zuerst als Mitarbeiter Eichmanns in der »Zentralstelle für jüdische Auswanderung«, ab 1941 als deren Leiter, organisierte Brunner die Deportation der Wiener Juden in Ghettos und Vernichtungslager im Osten).
Zwischen Oktober 1944 und März 1945 wurden von Sered aus insgesamt etwa 13.500 Juden nach Auschwitz und Theresienstadt deportiert. Am 1. April 1945 wurde es von der Roten Armee befreit. Vgl.: Enzyklopädie des Holocaust.: Die Verfolgung und Ermordung der europäischen Juden. Jäckel Eberhard (Hrsg.). Berlin: Argon 1993. S. 1304-1305.

[7] Haftarah, Haftaroth: Lesung aus den Prophetenbüchern, dem Newiim im Anschluss an die Torahlesung.

[8] Der Slowakische Nationalaufstand (Slovenské národné povstanie, SNP) gegen das Vasallenregime des deutschen Reiches unter Josef Tiso begann am 29. August 1944. Das Zentrum des slowakischen Nationalaufstandes gegen die Nationalsozialisten war Banská Bystrica (dt. Neusohl).
Der Aufstand ging von der slowakischen Armee (60.000 Mann) aus und wurde von etwa 18.000 Partisanen unterstützt. Edvard Beneš, der Präsident der Tschechoslowakischen Exilregierung in London, hatte die Revolte 1943 in Moskau vorbereitet. Als die Niederlage Deutschlands im Osten absehbar war, unterzeichnete er am 12. Dezember 1943 in Moskau mit Stalin einen tschechoslowakisch-sowjetischen Beistandsvertrag, der auch eine enge Zusammen-

arbeit in der Nachkriegszeit festlegte. Die Sowjetunion wurde damit zu einer Garantiemacht des wiederherzustellenden tschechoslowakischen Staates. Bei diesem Besuch wurde auch die Vertreibung der Sudeten- und Karpatendeutschen vereinbart sowie die teilweise Vertreibung und Enteignung der 720.000 Ungarn in der Südslowakei.

Unterstützt durch deutsche Einheiten und Hlinka-Gardisten wurde der Aufstand rasch niedergeschlagen. Am 27. Oktober 1944 fiel Banská Bystrica, die Aufständischen wurden inhaftiert, erschossen, desertierten oder liefen zu den Partisanen über, die den Widerstand bis zum Kriegsende fortführten.

Der Aufstand mit seinen etwa 20.000 Opfern wurde später von der kommunistischen Geschichtsschreibung glorifiziert, wird heute jedoch allmählich einer ausgewogeneren Betrachtung unterzogen. Unter anderem werden auch Morde und Grausamkeiten an der karpatendeutschen Bevölkerung berücksichtigt.

[9] Das »Shma Israel« ist das erste Gebet, das ein jüdisches Kind lernt, es ist seit Jahrtausenden integraler Bestandteil des jüdischen Gottesdienstes, und es sind die letzten Worte vieler jüdischer Märtyrer. Im Vergleich zu anderen Teilen des Gottesdienstes ist das Shma Jisrael kein Gebet im eigentlichen Wortsinn, sondern es ist vielmehr das jüdische Glaubensbekenntnis, im weitesten Sinne das Bekenntnis zum Judentum und nach Donin »Ausdruck jüdischer Überzeugung«. Vgl.: Chajim H. Donin: Jüdisches Gebet heute, Israel 1986.

[10] Budy bei Auschwitz war eines der 39 Nebenlager des Konzentrationslagers Auschwitz I. Es wurde von April 1942 bis Januar 1945 (mit einer kurzen Unterbrechung im Winter 1942/43) von der SS betrieben. Die Häftlinge, am 17. Januar 1945 waren es 313, mussten verschiedenen Arbeiten in einem landwirtschaftlichen Betrieb der SS verrichteten.

[11] Die Todesmärsche: Gegen Ende des Jahres 1944 begann die SS angesichts der sich nähernden Offensive der Roten Armee, die Spuren ihrer Verbrechen zu verwischen. Dokumente wurden vernichtet, einige Gebäude abgerissen. Andere Gebäude wurden in Brand gesteckt oder wie z.B. die Krematorien in die Luft gesprengt. Mitte Januar 1945 erging der Befehl zur endgültigen Liquidierung des Lagers.

Alle gehfähigen Häftlinge wurde gegen Ende Januar ins Innere des Reiches evakuiert, zu einem Zeitpunkt, als die sowjetischen Soldaten Krakau befreiten und lediglich 60 km von Auschwitz entfernt waren. Zwischen dem 17. und 21. Januar 1945 wurden an die 56.000 männliche und weibliche Häftlinge in Kolonnen zu Fuß aus dem Konzentrationslager Auschwitz und seinen Nebenlagern geführt, begleitet von schwer bewaffneten SS-Männern. Eine große Anzahl der Häftlinge starb während dieser unvorstellbar grausamen Evakuierungen. Sie werden daher als Todesmärsche bezeichnet. Die wenigen Häftlinge (etwa 7.600), die von den Deutschen im Lager zurückgelassen worden waren, wurden am 27. Januar 1945 von Soldaten der Roten Armee befreit. Ausführliche Informationen siehe: http://www.auschwitz.org.pl/.

[12] Abzeichen dienten zur Kennzeichnung und zusätzlichen Stigmatisierung der

Häftlinge in den Konzentrationslagern. Diese Kennzeichnung (seit 1937/38 in allen Lagern gleich) geschah hauptsächlich mit Hilfe von farbigen Stoff-Dreiecken, deren Spitze nach unten zeigte. Wegen dieser Form werden die Abzeichen auch »Winkel« genannt. Sie wurden auf die Jacken und Hemden der Opfer genäht, damit die Wächter und auch Mithäftlinge schnell den Grund ihrer Inhaftierung erkennen konnten. Es gab viele verschiedene Markierungen. Ein roter Winkel kennzeichnete politische Häftlinge, auch »Schutzhäftlinge« genannt. Die Schutzhaft als »Verordnung des Reichspräsidenten zum Schutz von Volk und Staat« konnte als Zwangsmaßnahme der Geheimen Staatspolizei (Gestapo) zur »Abwehr aller volks- und staatsfeindlichen Bestrebungen gegen Personen angeordnet werden, die durch ihr Verhalten den Bestand und die Sicherheit des Volkes und Staates gefährden«. Die politischen Häftlinge waren bis 1942 die zahlenmäßig stärkste Häftlingskategorie. Vgl. auch: »Die Kategorien der KL-Gefangenen«. In Eugen Kogon: Der SS-Staat. Das System der deutschen Konzentrationslager, Frechen: Komet 2000. Seite 66ff.

[13] Juden wurden mit einem gelben Winkel gekennzeichnet (immer zwei Winkel, die aufeinander gesetzt waren und so den Davidstern bildeten). Dieser sechseckige David- oder Zionstern setzte sich dann aus einem gelben (Zugehörigkeit zum Judentum) und einem andersfarbigen, meist roten Winkel zusammen. Juden galten von vornherein als politische Gegner des nationalsozialistischen Deutschland. Ab 1943 waren die Juden die mit Abstand stärkste Häftlingskategorie in Auschwitz.
Die sogenannten »asozialen« Häftlinge mussten schwarze Winkel tragen, z.B. Bettler, Obdachlose, Prostituierte, Zigeuner. Bibelforscher (Zeugen Jehovas) bekamen einen violetten, Homosexuelle einen rosa Winkel.
Der grüne Winkel diente zur Markierung von »Kriminellen«, einer relativ kleinen Gruppe von hauptsächlich deutschen Häftlingen. Sie wurden häufig von der SS zu »Funktionshäftlingen« mit besonderen Aufgaben und Vergünstigungen ernannt (z.B. Kapos oder Blockälteste). Diese »Grünen« hatten engen Kontakt zu einflussreichen SS-Angehörigen und beaufsichtigten bzw. terrorisierten ihre Mithäftlinge für die Lagerleitung auf oft grausamste Art und Weise.
Auf die farbigen Dreiecke wurde zusätzlich der erste Buchstabe der Nationalität des Häftlings gemalt oder gedruckt (»P« für einen Häftling polnischer Nationalität, »F« für Franzosen). Einzig und allein Häftlinge deutscher Nationalität (somit auch Österreicher) wurden nicht mit Buchstaben gekennzeichnet. Zum Teil wurden auch die Häftlingsnummern auf der Kleidung angebracht.
Ein Häftling hatte typischerweise mindestens zwei und manchmal sogar mehr als sechs Winkel. Die Abzeichen drückten ihre Träger sehr schnell in eine Kategorie, die zu einer regelrechten Lagerhierarchie führte. Verschiedene Häftlingsgruppen genossen unter den Aufsehern und ihren Mithäftlingen verschiedenes Ansehen. Juden und Zigeuner galten in dieser extrem rassistischen Ordnung als verachtetste Gruppen. Vgl. dazu: Benz, Wolfgang/Hermann Graml/Hermann Weiß: Enzyklopädie des Nationalsozialismus, München

1997. Für Buchenwald detailliert in: Konzentrationslager Buchenwald 1937-1945: Begleitband zur ständigen historischen Ausstellung / hrsg. von der Gedenkstätte Buchenwald. Erstellt von Harry Stein. Göttingen: Wallstein-Verlag 1999. S. 60 ff.

[14] »Zusammenarbeit gab es auch, wenn es darum ging, einem Teil der Kinder und Jugendlichen zu helfen. Durch die Einrichtung zweier Baracken für Kinder – Block 8 (1943) und Block 66 im Kleinen Lager (1945) – konnten wenigstens einige der im Stammlager befindlichen Kinder und Jugendlichen in abgeschirmten Bereichen vor schwerer Zwangsarbeit bewahrt werden und überleben.« Konzentrationslager Buchenwald 1937-1945. 1999. S. 215-216.

[15] Der Kinderblock / Block 66: Im Kleinen Lager war diese spezielle Baracke erst im Januar 1945 eingerichtet worden. Im Hauptlager bestand schon seit 1943 eine solche Pferdestallbaracke (Block 8). Sie waren Teil der intensiven Aktivitäten der geheimen Untergrundorganisation der Häftlinge. Ziel dieser war es unter anderem, einem Teil der Kinder und Jugendlichen systematisch zu helfen. Die unter Zwölfjährigen mussten nicht arbeiten, die 12- bis 14-jährigen bekamen leichtere Arbeiten, z.B. in der Häftlingsküche.

Der Block 66 befand sich mitten im Kleinen Lager von Buchenwald, unterhalb des Hauptlagers. Anfang 1945 grassierten im Kleinen Lager bereits viele Seuchen (Typhus, Fleckfieber, Cholera). Es existierte zwar ein Krankenbau, viele Häftlinge starben dort jedoch ohne medizinische Hilfe. Die SS-Aufseher wagten sich in diesen letzten Wochen daher nicht mehr sehr oft in diesen Bereich des Lagers, sondern überließen die Organisation zunehmend der Untergrundorganisation.

Der Blockälteste des Kinderblocks war Antonin Kalina, ein tschechischer Kommunisten aus Prag, Stellvertreter war Gustav Schiller, ein polnischer Jude und Kommunist. Schiller war eine Art Vaterfigur vor allem für die polnischen und für viele tschechische Jungen, hart, aber herzlich. Die ungarischen und rumänischen Jungen, vor allem die sehr religiösen, sollen ihn jedoch gefürchtet haben.

Die jüngeren Kinder, wie z.B. Israel Meir Lau (Lulek) aus Piotrkow, heute Oberrabbiner von Tel Aviv und zuvor aschkenasischer Oberrabbiner von Israel, damals keine 8 Jahre alt, wurden im Block 8 versteckt und dort von den Häftlingen umsorgt. Andere, manche erst 4 Jahre alt, z.B. Josef Shleifstein aus Sandomierz, und Stefan Jerzy Zweig (Juschu) aus Krakau, wurden in anderen Baracken des Lagers versteckt.

[16] Als General George Pattons Dritte US-Armee am 11. April 1945 das Lager befreite, waren über 900 Kinder und Jugendliche unter den 21.000 Überlebenden von Buchenwald. Sie erlebten ihre Befreiung vor allem wegen der bemerkenswerten Bemühungen der Verantwortlichen des von Kommunisten angeführten Untergrundes. Viele der Kinder jedoch konnten nicht gerettet werden. Ab dem 7. April wurden Hunderte von ihnen von den abziehenden SS-Wachmannschaften aus dem Lager getrieben.

In einem im April 1945 verfassten Bericht über die Kinder heißt es: »Die Anzahl der Kinderinsassen im Buchenwalder Konzentrationslager bezifferte sich auf ca. 900. Ihre nationale Gliederung ist folgende: Kinder in Buchenwald: Polen 288, Tschechoslowakei 270, Ungarn 290, Jugoslawien 42, Sowjetunion 6, Österreich 6, Deutschland 2, insgesamt 902. Die Altersstufe zwischen 14 und 18 Jahren macht ca. 85% der Gesamtzahl der Kinder aus. Das jüngste, ein dreijähriges Kind, ist von polnischer Nationalität.« Konzentrationslager Buchenwald 1937-1945. 1999. S. 216.

[17] Reichsführer-SS Heinrich Himmler selbst befahl die Errichtung von Häftlingsbordellen in den Konzentrationslagern. Warum? Der Krieg begann sich Ende 1942 gegen die Deutschen zu wenden, und der Führung des Deutschen Reiches war daher jedes Mittel recht, den »Endsieg« doch noch zu erreichen. Sex für gute Arbeit, so der Gedanke.

Viele KZ-Häftlinge arbeiteten zwangsweise für die Rüstungsindustrie, und diese Arbeitskräfte sollten rasch, gute und viele Waffen produzieren. Folglich bot man Belohnungen an, um sie zu vermehrten und verbesserten Arbeitsleistungen anzuspornen. Schon seit 1942 waren für langjährige Häftlinge Hafterleichterungen vorgesehen. Wer sich gut verhielt und brav arbeitete, durfte z.B. wöchentlich einen Brief schreiben, bevorzugt in der Kantine einkaufen oder sich die Haare waschen lassen.

Im Mai 1943 wurde dann vom Chef des SS-Wirtschaftsverwaltungshauptamtes, Oswald Pohl, ein Prämiensystem eingeführt. Sogar die Rüstungsindustrie selbst (IG Farben und/oder Siemens) soll dieses mitentwickelt haben. Für gute Arbeitsleistungen waren demnach prinzipiell vier Vergünstigungen vorgesehen: 1. Hafterleichterung; 2. Verpflegungszulagen; 3. Geldprämien; 4. Tabakwarenbezug. Die Sach- und Geldprämien wurden meist in Form von Kantinenbezugsscheinen ausbezahlt. Sie wurden als »Lagergeld« bezeichnet, denn sie waren ein begehrtes Tauschmittel unter den Häftlingen.

»Nach einem Besuch in Buchenwald bemängelte Heinrich Himmler im März 1943 das Fehlen eines Lagerbordells für Häftlinge. Der Bordellbesuch sollte als ›Antriebsmittel für Höhere Leistungen‹ benutzt werden. Auch die [...] Prämienordnung vom Mai 1943 sah unter Prämien ›bei guter Führung und besonderer Arbeitsleistung‹ den Bordellbesuch vor. Am 16. Juli 1943 brachte die SS aus dem Konzentrationslager Ravensbrück 16 weibliche Häftlinge im Alter zwischen 20 und 30 Jahren in den ›Sonderbau‹, wie die SS das Bordell in Buchenwald nannte. [...] Die Zahl der Frauen änderte sich nur geringfügig; Ende März 1945 waren noch 9 Frauen im Lagerbordell.«

Wer waren die Männer? Im Prinzip konnten mit der Einrichtung der Häftlingsbordelle alle »arischen« Häftlinge einen Besuch in diesen beantragen. Sie mussten nur über das nötige »Lagergeld« verfügten.

Wer waren die Frauen? Sie wurden auf besonders perfide Weise »selektiert«. Alle KZ-Häftlinge befanden sich ja in einer schier aussichtslosen Zwangssituation. Den Frauen wurde von der SS versprochen, dass sie nach einem halben Jahr Arbeit im Bordell aus dem KZ entlassen werden würden. Es gibt keinen Nachweis, dass je eine der Frauen entlassen wurde. Bessere Verpflegung, Bekleidung, ein eigenes Bett, »weniger schwere Arbeit« wurde in Aussicht gestellt. Soll heißen: Es bot sich eine Möglichkeit zu überleben. Leider wird immer wieder behauptet, viele der Frauen hätten sich »freiwillig« zur Arbeit im Bordell gemeldet.

In den Bordellen hatten die Frauen keine Mittel zur Empfängnisverhütung oder zum Schutz vor Geschlechtskrankheiten. Viele wurden daher schwanger oder geschlechtskrank. Das bedeutete meistens den Rücktransport nach Ravensbrück, wo viele von ihnen starben.

Die Häftlingsbordelle, in den meisten Konzentrationslagern gab es auch Bordelle für die Männer der SS, waren ein logischer und konsequenter Teil des industriellen Wirtschaftssystems der SS. Die Wissenschaft hat diese Art der Verquickung von sexueller und politischer Gewalt während des NS-Regimes bisher noch wenig erforscht. Konzentrationslager Buchenwald 1937-1945. 1999. S.144-145. Siehe auch: Paul, Christa: Zwangsprostitution. Staatlich errichtete Bordelle im Nationalsozialismus. - 1. Aufl. - Berlin: Ed. Hentrich, 1994.

[18] In Lippstadt bestanden zwei Außenkommandos des KZ Buchenwald. In diesen wurden jüdische wie auch zivile Zwangsarbeiter, zwei Drittel davon Frauen, beschäftigt. Die meisten von ihnen kamen aus Osteuropa und wurden vorwiegend in der Rüstungsindustrie (»Lippstädter Eisen- und Metallwerke« und »WMI«), aber auch in kleineren Betrieben, in der Landwirtschaft und in Privathaushalten eingesetzt. Das Leben der verschleppten Arbeitskräfte war vor allem in der Industrie oft sehr hart, viele starben an den Folgen der schlechten Versorgung. Lippstadt wurde am 1. April 1945 von den Amerikanern befreit. Ausführliche Informationen siehe: Burkhard Beyer: Zum Arbeitseinsatz nach Lippstadt. Die jüdischen Frauen in den KZ- Außenkommandos Lippstadt 1944 und 1945. Heimatbund Lippstadt 1994. www.buchenwald.de; sowie: Konzentrationslager Buchenwald 1937-1945. 1999.

[19] Hashomer Hatzair (hebräisch »Die junge Garde«) ist eine zionistisch-sozialistische Pfadfinderbewegung, gegründet 1916, eine der ältesten aktiven jüdischen Jugendbewegungen überhaupt. Ziel der Bewegung ist es, junge Menschen im Sinne der Ideale des Zionismus und Sozialismus und der Völkerfreundschaft zu erziehen und sie zu verantwortungsbewussten und verantwortungsbereiten Mitgliedern ihrer jeweiligen Gesellschaften zu machen. Heute sind gut 20.000 junge Menschen weltweit Mitglieder von Hashomer Hatzair. Auch das 2001 mit dem UNESCO-Preises für Friedenserziehung ausgezeichnete jüdisch-arabische Zentrum für Frieden Givat Haviva ist Teil dieser Organisation.

[20] Maccabi Hatzair: Gegründet 1916 aus zwei galizischen Bewegungen: Tzeirei Zion und Hashomer. Die Ideologie ist sozialistisch, aber auch von A.D. Gordon und Trumpeldor inspiriert. Von Anfang an wurden Hebräisch, Pionierbewegung, organisierte Besiedlung Eretz Israels und Selbstverteidigung betont. In den polnischen Zentren gab es 1939 70.000 Mitglieder. Sie waren in der Verteidigung und im Widerstand aktiv.

[21] Im Hebräischen wird die Einwanderung nach Israel als Aliya bezeichnet. Dieses alte biblische Wort bedeutet wörtlich »Aufsteigen« und hat einen religiösspirituellen Bedeutungsgehalt. Es ist die Verwirklichung des rituellen Gebets-

spruchs »Nächstes Jahr in Jerusalem.« Die *Jugend–Aliya* (Jugend-Einwanderung) wurde 1932 von der Zionistin Recha Freier gegründet. Sie war überzeugt, dass es in Deutschland keine Zukunft für die jüdische Jugend gebe.

[22] Die Hachshara Programme bestehen bis heute und stellen eine Vorbereitung auf landwirtschaftliche Tätigkeiten in Palästina dar.

[23] El Al, hebräisch, auf deutsch etwa »nach oben«; der Name El-Al findet sich in der Bibel in Hosea 11,7 und meint dort nach oben, zu Gott hin rufen, predigen.

[24] Als Kibbuzim (pl.) bezeichnet man ländliche Kollektivsiedlungen in Israel mit gemeinsamem Eigentum und basisdemokratischen Strukturen. Es gibt etwa 270 dieser Dörfer mit einer Größe von bis zu 1000 Einwohnern, zu Neugründungen kommt es heute kaum mehr. Weitere landwirtschaftliche Siedlungsformen sind die zahlreicheren (etwa 400) Moschawim, die genossenschaftlich organisiert sind, sowie Mischformen aus Kibbuz und Moschaw. Im Zusammenhang mit den Kibbuzim werden häufig die Begriffe Kommunismus oder Sozialismus verwendet. Dabei ist jedoch zu beachten, dass die Kibbuzim – anders als die Organisationen der sozialistischen Staaten des ehemaligen Ostblocks – auf Freiwilligkeit basieren. Die ursprüngliche Idee war es, dass die Mitglieder für ihre Arbeit keinen Gehalt bekamen bzw. dieses dem Kibbuz abgaben. Andererseits wurden ihnen zum Beispiel Unterkunft und Essen (in einem gemeinschaftlichen Speisesaal) von der Gemeinschaft zur Verfügung gestellt. Unterscheiden lassen sich generell säkulare Kibbuzim, die die jüdisch religiösen Traditionen nicht mehr als verbindlich betrachten (obwohl vielfach die Feste noch begangen werden), und religiöse Kibbuzim, die in verschiedenen Richtungen die religiösen Traditionen pflegen und für ihre Mitglieder als verbindlich betrachten. Die Mitglieder eines Kibbuz bezeichnet man als Chawerim (Einzahl Chawer).

[25] Kfar Masaryk, wenige Kilometer südlich von Akko an der Straße nach Haifa; Ende der 1930er Jahre als Turm-und-Palisaden-Siedlung gegründet.

[26] Ma'anit, am Nordende der Scharonebene, wenige Kilomter südöstlich der Stadt Pardes Hanna-Karkur.

[27] Die Israelischen Verteidigungsstreitkräfte (IDF) wurden 1948 gegründet und bestehen aus Land-, See- und Luftstreitkräften. Eine spezielle Einheit Nachal verbindet Militärdienst und landwirtschaftliche Ausbildung und beschäftigt sich auch mit der Gründung neuer Verteidigungssiedlungen an der Grenze. Jugendeinheiten gewährleisten vormilitärisches Training für Jugendliche innerhalb und außerhalb der Schulen.

[28] Offiziell wurde die Jewish Agency – hebräisch: ha-Sochnut ha-jehudit – am 11. August 1929 auf dem 16. Zionistenkongress errichtet. Die Jewish Agency war die im Völkerbundsmandat für Palästina vorgesehene Vertretung der Juden und diente dem britischen Mandatar als Ansprechpartner. Allein sie war befugt, mit dem Mandatar zu verhandeln. Die Jewish Agency war aber ebenso verantwortlich für die internen Angelegenheiten der in Palästina lebenden Juden, des Jischuw: Immigration, Zuweisungen von Zertifikaten, die von dem britischen Mandat erstellt worden sind, Umsiedeln neuer Migranten,

Bauen neuer Siedlungen, Ökonomische Entwicklung, Erziehung und Kultur, Krankenhäuser und Gesundheitswesen. Seit der Gründung des Staates Israel ist die Jewish Agency in erster Linie für die Einwanderung verantwortlich. Das bedeutet, dass sie die Juden in aller Welt dazu motiviert, nach Israel zu immigrieren.

[29] Bar'am, in Obergalilä, 20 km nordwestlich von Safed nahe der libanesischen Grenze.

[30] Juden in der Slowakei nach 1945: Das Ende der faschistischen Herrschaft in der Slowakei bedeutete nicht das Ende der antisemitischen Strömungen. 1945/46 kam es zu mindestens 14 antijüdischen Demonstrationen und Pogromen. Das erste und schwerste war im September in Topolčany, bei denen jüdische Wohnungen ausgeraubt und mehrere Juden verletzt wurden. In Bratislava gab es zwei solcher Übergriffe (z.B. 1946 beim Parteitag der Partisanen); auch in Snina, Kolbasov, Nove Zamky und in Bardejov kam es zu antijüdischen Demonstrationen. »Daran sind die Juden selber schuld«, hieß es von Seiten der Regierung, die sich durch entsprechende Dekrete von Präsident Beneš abgesichert wusste.
Nach 1945 existierten unter den slowakischen Juden, die den Holocaust überlebt hatten, grob drei Strömungen. Die Zionisten waren die größte Gruppe. Ihr erklärtes Ziel war Israel. Bis 1950 emigrierten mit Hilfe verschiedener zionistischer Organisationen mehr als 8.000 Juden nach Palästina. Die zweite Gruppe waren die gläubigen Juden, die in ihrer Heimat bleiben wollten. Sie strebten danach, wieder in den jüdischen Gemeinden der Slowakei Anschluss zu finden. Die dritte Gruppe bildete die der Assimilanten. Die meisten von ihnen waren Mitglieder oder Sympathisanten der Kommunistischen Partei. 1952 raubte ihnen jedoch der sogenannten Slansky-Prozess alle letzten Ideale. Dieser größte Schauprozess der tschechischen Nachkriegszeit führte zur Hinrichtung zahlreicher Juden, die hohe Stellungen innehatten. Die sowjetische Führung benutzte den Vorwand einer zionistischen Verschwörung, um unbequeme Genossen auszuschalten. Der Prozess zog noch zahlreiche Verurteilungen in den folgenden Jahren nach sich. Nach dem Scheitern des Prager Frühlings kam es ab dem August 1968 zu einer weiteren großen Emigrationswelle.
Heute leben ungefähr 3.000 Juden in der Slowakei. Die Mehrheit von ihnen sind Holocaust-Überlebende bzw. deren Nachfahren. Sie sind Mitglieder in zehn funktionierenden jüdischen Gemeinden, die vorwiegend säkular ausgerichtet sind. Die größte Gemeinde befindet sich mit mehr als 600 Mitgliedern in Bratislava. Die jüdischen Gemeinden von Košice und Ice haben etwas über 300 Mitglieder. Es gibt zwei Rabbiner in der Slowakei, je einen in Bratislava und Košice. Vor allem die jüdische Gemeinde von Bratislava ist sozial, kulturell und religiös sehr aktiv.

Naftali Fürst und Tova Wagman

Eine Nacht von 1033 Nächten

Rede am 27.01.2007 im Deutschen Bundestag

Sie haben mich anlässlich des Shoah-Gedenktages eingeladen. Ich habe mir darüber Gedanken gemacht, welche Geschichte ich Ihnen aus meinem Leben während des Holocaust erzählen könnte, und ich habe die Geschichte aus einer von 1033 Nächten gewählt, die ich während dieser schrecklichen Zeit erlebt habe und die nicht nur einen großen Schatten, sondern auch eine Narbe in meiner Kindheit hinterlassen haben. Ich habe mir überlegt, Ihnen von der Nacht vom 2.11. zum 3.11.1944 zu erzählen, der Nacht des Transports vom Lager Sered nach Auschwitz-Birkenau.

Meine sehr klein gewordene Familie zählte vier Personen: mein Vater, der damals 46 Jahre alt war, meine Mutter, die 39 Jahre alt war, mein 12jähriger Bruder und ich. Ich war damals 11 Jahre alt.

Es war damals gerade die Zeit, in der neue «Transporte« aus der Slowakei in die Vernichtungslager vorgenommen wurden. Wir wurden im Lager Sered festgehalten. Meine Familie wollte versuchen, unseren Aufenthalt auf slowakischem Boden so lange wie nur irgendwie möglich hinauszuzögern, um nicht in die Vernichtungslager nach Polen deportiert zu werden. Wir wussten, was diese Transporte zu bedeuten hatten, wohin sie gelangten und wie es um das Schicksal der Opfer bestellt war, unter denen auch viele meiner Familienmitglieder waren.

Eines Tages fand man in der Kommandozentrale des Lagers heraus, dass wir gelogen hatten und uns als Kinder aus einer Mischehe ausgegeben hatten. Man brachte meine Eltern zur Kommandozentrale und sagte ihnen: «Entweder wir erschießen euch an Ort und Stelle, oder wir deportieren die gesamte Familie mit dem nächsten Transport.« Wir standen unter Schock. Als schon kein Zweifel mehr bestand, dass wir in wenigen Tagen nach Auschwitz deportiert werden würden, hatte unsere Mutter uns Werkzeug für den Ausbruch an versteckten Stellen in die Kleidung genäht. Die Eltern hatten entschieden, dass wir alle zusammen während der Bahnfahrt aus dem Zug springen und so unter Umständen gerettet würden.

Die Eltern planten die Flucht bis ins kleinste Detail. Mein Vater sagte uns, dass wir alle einer nach dem anderen, gleich nachdem sich die Türe des Wagons öffnet, aus dem Zug hinausspringen sollten. Ich sollte der Erste sein und mein Vater der Letzte. Der Befehl lautete, sofort zu springen, sobald man einen Strommast sieht. Wir sollten weit springen, und wenn wir dann zu Boden fielen, sollten wir in Fahrtrichtung rollen, aufstehen und zu rennen anfangen, um nicht von den Schüssen der Soldaten, die auf dem Dach der Waggons standen, getroffen zu werden.

Unsere Eltern ermutigten uns und erklärten uns den Sinn des Transports, die Wahrscheinlichkeit, dass unsere Flucht aus dem Zug gelingen würde, und wenn nicht, würde es uns vielleicht trotzdem gelingen, das, was noch auf uns zukommen würde, zu überleben.

Noch vor dem Transport hatte uns mein Vater befohlen, nicht aufzugeben und nicht zusammenzubrechen. Und am Ende hat er die folgenden für mich unvergesslichen Worte gesagt: »Das müssen wir überstehen«. Diese Worte haben mich die ganze Zeit während des Holocaust begleitet, und sie tun es sogar heute noch. Wir hatten ausgemacht, uns in Bratislava, im Haus eines Freundes der Familie, nach dem Krieg zu treffen.

2.11.1944 Seit den Nachmittagsstunden wurden wir in einen geschlossenen Viehwaggon eines langen Zuges geladen. Wir waren zusammengedrängt etwa 80 Menschen – Alte, Kranke und Kinder. Im Wagon standen 2-3 Eimer. Am Vorabend wurden die Türen geschlossen. Die deutschen Soldaten nahmen ihre Stellung auf dem Dach der Waggons ein. Nachdem der Zug eine ganze Weile lang an Ort und Stelle gestanden hatte, begann er sich vorwärts zu bewegen.

Bis zu diesem Zeitpunkt war ich noch relativ gelassen, denn ich hatte daran geglaubt, dass wir es schaffen würden, aus dem Zug zu flüchten und nicht bis zur Endstation zu gelangen. Sobald die Türen geschlossen wurden, hörte man weinende Stimmen und Schreie aus allen Richtungen. Ängstliche Menschen, die meisten stehend und schrecklich zusammengedrängt, keine Fenster (lediglich zwei kleine Luken), keine Luft, völlige Dunkelheit, kein Wasser und keine Toiletten.

Jetzt war ich, aufgrund der Situation und bei dem Gedanken, was uns wohl erwarten würde, ängstlich geworden.

Meine Eltern und wir, mein Bruder und ich, wussten, dass wenn der Fluchtplan nicht gelingen würde, unser Schicksal vorbestimmt sei und man uns in ein paar Stunden auf grausame Art und Weise ermorden würde.

(Heute, nachdem ich selbst Vater bin, fällt es mir sogar schwer daran zu denken, was meine Eltern in dieser Situation wohl durchmachen mussten, denn allein der Gedanke daran, was ihre Kinder wohl zu erwarten hätten, kann einen verrückt machen). Gegen Mitternacht holten meine Eltern das Werkzeug heraus, das in ihren und unseren Kleidungsstücken eingenäht war und das ihnen beim Ausbrechen behilflich sein sollte. Mein Vater begann sich durch die Menschen in Richtung Tür zu drängen. An der Tür angekommen, begann er bei völliger Dunkelheit mit der Arbeit für den Ausbruch. Anscheinend gelang es ihm nicht so, wie er wollte, oder es fehlte ihm das passende Werkzeug. Wie sich später herausstellte, befand sich auf dem Waggon ein Klempner, dem es gelang seinen Werkzeugkasten mit auf den Zug zu schmuggeln. Dieser Mann erklärte sich bereit, meinem Vater beim Aufbrechen der Türe behilflich zu sein. Während ein Teil der Menschen zusah, wie mein Vater versuchte, die Türe aufzubrechen, entstand ein großes Durcheinander, und man hatte meinem Vater nicht ermöglicht, seinen Plan durchzuführen. Man hatte Angst vor den Konsequenzen, wenn man den Ausbruch entdecken würde, und dass sich die Wärter sich an ihnen rächen würden.

Unser Versuch, aus dem Wagon zu flüchten, war fehlgeschlagen. Der Zug fuhr weiter in Richtung Hölle.

Die Situation im Waggon war unerträglich. Es herrschte ein unsäglicher Gestank, man hörte ständig weinende Stimmen, und die Angst war gegenwärtig. Jedem einzelnen von uns gingen die schrecklichsten Gedanken durch den Kopf. Die Situation war einfach grauenhaft!

Wir hatten aber noch eine winzige Hoffnung. Vielleicht würde man die Stahlschienen in die Luft sprengen, und der Zug würde die Endstation nicht erreichen. Leider passierte auch das nicht.

Am nächsten Tag kamen wir in den Abendstunden in Birkenau an. Dunkelheit, Kälte, Schlamm, SS-Soldaten mit Schrecken erregenden Hunden und Geschrei: «Heraus, heraus, schnell, schnell«

Das ist das Ende eine Geschichte einer Nacht, doch der Alptraum geht weiter.

Übersetzug aus dem Hebräischen: Marjorie Kaufman

Naftali Fürst und Tova Wagman

Der Kreis schließt sich

Nur zu einer Zeit und an einem Ort des Wahnsinns kann eine Geburt stattfinden, wobei ihr Geschehen nicht selbstverständlich und noch schwieriger zu erklären ist.

An dem Ort, an dem diese Geburt stattfand, wurden mehr Menschen ermordet als geboren. Die Mutter nahm an dieser Geburt nicht teil, und auch der Vater war nicht zugegen. Es war eine Geburt ohne Eltern.

Im Personalausweis standen die folgenden Einzelheiten:

Name: Juraj Fürst

Nummer: 14026

Datum: 11.4.1945

Ort: Buchenwald

Die Geburtshelfer: Amerikanische Soldaten der Division des General Peton

Der Verewigende: Der Fotograf Harry Miller vom Geheimdienst der Division, der das vier Tage alte Kind im Block 56 auf den Holzpritschen inmitten anderer menschlicher Überreste auf einem Foto verewigte.

Das Kind, das diese zweite Geburt erlebte, bin ich. Damals war ich 12 Jahre alt. Ein hübsches Baby und verhältnismäßig entwickelt. Ein Baby, das laufen, sprechen, denken und fühlen kann. Das ist nicht einfach und ganz und gar nicht selbstverständlich, in Anbetracht der Tatsache, dass die Nazis und deren Helfer sieben Jahre Mühe und Anstrengungen darin investiert hatten, dass ein jüdisches Kind wie ich nicht überlebt und nicht geboren wird. Im Rahmen dieser Anstrengungen war ich seit meinem 9. Lebensjahr in vier Konzentrations- und Vernichtungslager eingesperrt – SERED in der Slowakei, AUSCHWITZ-BIRKENAU und BUDY in Polen und BUCHENWALD in Deutschland.

Am 11.4.1945 öffneten sich die Tore der Hölle. Die Gefangenen wurden freigelassen, doch die Erinnerungen und Erlebnisse waren in ihren Gedächtnissen und in ihren Seelen für immer und ewig eingebrannt.

Damals war ich stolz, und das bin ich auch heute noch, stolz darauf, dass der Tötungs- und Vernichtungsapparat nicht auch mich besiegte. Stolz darauf, dass ich gegen alle Widrigkeiten überlebt habe. Stolz darauf, dass ich zurückgekommen bin, um ein volles und gutes Leben zu leben. Heute bin ich 74 Jahre alt; ich bin gesund und teilweise glücklich, doch die Verfolgungen, das Elend, die Angst, der Hunger und die Ungewissheit hinterließen in mir eine tiefe Narbe, die noch nicht verheilt ist, und meiner Meinung nach auch bis zum Tage meines Todes weiter bluten wird.

Meiner Familie ist ein Wunder geschehen

Meine Mutter, mein Vater und mein Bruder Shmuel haben dieselben Mühsalen und Qualen durchgemacht, nur in anderen Lagern, und entgegen allen Widrigkeiten haben auch sie überlebt. Etwa zwei Monate vor dem Ende des Vernichtungskrieges hat sich unser Traum erfüllt, und wir vier trafen uns alle in Bratislava. Den Treffpunkt hatten die Eltern ausgemacht, bevor man uns in Birkenau voneinander trennte. Seit der Vereinigung haben wir uns bemüht, ein neues Leben mit großen Hoffnungen in unseren Herzen zu beginnen.

Viel Zeit ist seit meiner Befreiung vergangen, über zwei Generationen. Ich bin erwachsen und alt geworden, ich habe bedeutsame historische Ereignisse erlebt und daran teilgenommen. Der Staat Israel wurde gegründet, ich bin nach Israel ausgewandert, habe eine Familie gegründet und kämpfte in drei von den heute insgesamt zehn Kriegen, die es in Israel gab. Meine Eltern und mein Bruder sind bereits verstorben. Mit meinem Bruder Shmuel habe ich es im Jahre 1999 noch geschafft, die Memoiren unserer Familie als Erinnerung für die kommenden Generationen zu schreiben.

Schmerzhafte Erinnerungen und seelischer Kummer machten es mir 60 Jahre lang unmöglich, nach Polen und Deutschland zurückzukehren. Aus dem gleichen Grund habe ich auch nie in meiner Muttersprache – Deutsch – gesprochen.

Im Jahre 2004 hat mich eine deutsche Journalistin, Frau Ursula Junk, gelobt sei ihr Name, besucht und mich bezüglich der berühmten Fotografie im Lager Buchenwald, auf der ich auf einer Holzpritsche inmitten menschlicher Überreste fotografiert bin, aufgesucht. Sie erzählte mir, dass sie zwei weitere Personen aus diesem Bild ausfindig gemacht hat.

Zum 60. Jahrestag der Befreiung des Lagers im Jahre 2005, am 11.4.2005, habe ich eine Einladung bekommen, an der Zeremonie teilzunehmen, die in Buchenwald und Weimar stattfinden wird. Ich hatte große Bedenken, ob ich diese Einladung annehmen und dorthin fahren sollte. Einerseits war ich schon neugierig, die anderen Personen auf dem Foto zu treffen, und vor allen Dingen wollte ich den Ort wiedersehen, an dem ich fast mein kurzes Leben gelassen hätte und an dem ich sozusagen zum zweiten Mal geboren wurde. Auf der anderen Seite hatte ich Angst, einen seelischen Schaden als Folge dieses Besuches zu erleiden. Der ausschlaggebende Grund war letztendlich, wie es scheint, das Pflichtgefühl meinem Bruder und auch mir gegenüber, zu diesem verfluchten Lager als freier

Mensch, als stolzer Jude aus Israel, zurückzukehren. Meine geliebte Lebensgefährtin Tova, die mich dabei moralisch unterstützte, begleitete mich.

Der Flug von Tel Aviv nach Berlin ist, während ich mit meinen Gedanken und Erinnerungen in der fernen Vergangenheit war, schnell vergangen. Bei der Landung in Berlin habe ich am Flughafen einen Panzerwagen mit deutschen Soldaten wahrgenommen, der das Flugzeug zum Standplatz begleitete. Die Sensibilität nahm im Nu zu, und das Gehirn arbeitete auf Hochtouren.

Den Weg von Berlin bis Buchenwald machten wir in einem Minibus, den ein junger blonder Fahrer chauffierte. Mit uns im Wagen fuhr auch ein älterer, schwerbehinderter Herr, ein Gesandter der Überlebenden aus Lettland. Die Fahrt dauerte etwa drei Stunden. In Weimar hielt der Fahrer den Bus vor einem Hotel an, half dem Herrn auszusteigen und sagte uns in Deutsch: »Jetzt bringe ich Sie ins Lager Buchenwald.« Bei der Art und Weise, wie er das sagte, lief mir ein Schauder über den Rücken. Innerhalb kürzester Zeit kamen wir am Gipfel des Ettersbergs, am Lager Buchenwald, an.

Hin und wieder, wenn ich vom Lager Buchenwald erzählte, habe ich immer seinen besonderen Ort hervorgehoben. Das Lager wurde absichtlich auf der Neigung eines Berges errichtet, so dass dort ein ständig starker Wind, ein eiskalter und schrecklicher Wind wehte, der viele Qualen verursachte. Die Sonne schien dort nicht. Ich habe mich immer an den Wind, den Regen und den Schnee erinnert, die ein Teil der anderen Qualen ausmachten. Sie erwarteten uns auch bei diesem Besuch. So als ob die Hand des Schicksals es so geplant hatte. Den Schnee, der immer mehr und höher wurde, sahen wir noch durch die Fenster des Busses. Sobald wir aus dem Minibus stiegen, spürten wir den eiskalten Wind; genau der gleiche Wind wehte hier vor 60 Jahren. Genau hier war die Hölle, eine Hölle, die bis ins kleinste Detail von menschlichen Wesen ohne Menschlichkeit durchdacht war.

Bei meiner Rückkehr nach Buchenwald, 60 Jahre nach meiner Befreiung dort, verspürte ich ein Gefühl des Sieges. Ich bekam die Bestätigung der tatsächlich in mir liegenden Kraft. Ich kehrte als stolzer Mensch dorthin zurück, als Vater einer wunderbaren Tochter – Ronit, die glücklich verheiratet ist, und als Großvater von vier gesunden erfolgreichen Enkelkindern, begleitet von meiner geliebten Lebensgefährtin.

Neben dem Eingang zum Lager war ein riesiges Festzelt aufgebaut. Das lokale Team empfing jeden Ankommenden sehr herzlich und mit großzügig aufgetischten Speisen und Erfrischungen.

Der Anblick war surrealistisch. Eine Kombination zwischen dem Eingangstor zum Lager, das für seinen Verruf und die Inschrift «JEDEM DAS SEINE« bekannt ist, und der großen Uhr über dem Eingangstor, die am Tage der Befreiung genau um 15.14 Uhr stehen blieb; auf der anderen Seite das riesengroße weiße Zelt voller älterer Menschen, von denen ein Teil in der gestreiften Häftlingskleidung bekleidet war, mit jeweils einer Nummer auf der Brust, und die sich freuten, ihre Leidensgefährten wieder zu treffen.

Frau Junk erwartete uns bereits im Zelt und stellte uns die zwei Herren von dem Foto vor: Max Hamburger aus Belgien und Nicolaus Gruner aus Schweden. Wir umarmten uns in

Buchenwald 2005 (Fotograf: Joachim Wiesner)

großer Erregtheit. Jeder einzelne erzählte von sich und seinem Leben und wie es ihm so ergangen ist, was er in der Vergangenheit gemacht hat und wie sein Leben heute, in der Gegenwart, aussieht; aus einer großen Gefühlswallung heraus schlossen wir ein brüderliches Abkommen und versprachen uns gegenseitig, den Kontakt von nun an aufrecht zu erhalten.

Begegnung nach 60 Jahren: Die Journalistin Ursula Junk mit (v.l.) Nikolaus Grüner, Max Hamburger und Naftali Fürst (fotografiert von Tova Wagman)

Ein weiteres aufregendes Treffen hatte ich mit dem tschechischen Schriftsteller Pavel Kuhn, der überglücklich war, mich kennenzulernen, denn er hatte von Frau Junk erfahren, dass ich im Freudenhaus des Lagers befreit wurde. Seinen Angaben nach wurde auch er im Freudenhaus befreit, doch bis zu diesem Zeitpunkt hatte ihm niemand geglaubt, doch von nun an hat er einen Zeugen, der seine Geschichte bestätigen kann.

Das Festzelt diente als Treffpunkt aller geladenen Gäste; es war erfüllt mit den Düften der verschiedenen Speisen, den Stimmen von sich unterhaltenden, umarmenden Menschen, die sich gegenseitig ihre Adressen gaben, von Musik und Gesang.

Zusammen mit Frau Junk und Herrn Joachim Wiesner, der eigens aus Österreich angereist kam (Joachim übersetzte unsere Lebenserinnerungen ins Deutsche), um mit uns zusammen zu sein und um mit seiner Kamera den Besuch mit großer Feinfühligkeit zu dokumentieren, machten wir eine Besichtigungstour auf dem Lagergelände.

Die Baracken der Gefangenen standen nicht mehr, und zu ihrem Gedenken wurden kleine Steine dicht aneinander gelegt, um den Ort des Blocks zu markieren.

Wir kamen bis an den Rand des kleinen Lager, wo seinerzeit Block 66 stand, der Kinderblock, in dem ich mit meinem Bruder Shmuel hauste, bis ich erkrankte und ins Krankenhaus eingewiesen wurde. Minutenlang standen wir vor der Gedenktafel des Freudenhauses. Auf der Gedenktafel ein Foto des Blocks und seine Geschichte. An diesem Ort verbrachte ich die letzten Tage vor der Befreiung. Hier erfuhr ich zum ersten Mal von den Frauen und dem Arzt Wärme und Menschlichkeit. Hier wurde ich auch befreit.

Auf unserem Weg durch die Überreste der Blocks trafen wir eine deutsche Offizierseinheit, die auf einem Lehrgang war (dieses Mal bin ich nicht erschrocken). Wir wechselten einige Höflichkeitsfloskeln, ließen uns mit ihnen fotografieren und setzten unseren Weg in Richtung der Krematorien fort. Sofort erinnerte ich mich an einen schrecklichen Anblick, den ich zum Zeitpunkt der Befreiung mit eigenen Augen gesehen habe: Leichen, die aufeinandergestapelt waren; Leichen von Ermordeten und Gefolterten, die von den Verbrechern nicht mehr verbrannt wurden, weil dazu keine Zeit mehr war.

Im Gebäude des Krematoriums, mit Ausnahme des Verbrennungsofens, befanden sich auch Folterzellen und Arzträume. Wir waren erstaunt zu erfahren, dass sogar im Arztzimmer die Gräueltaten der Nazis nicht fehlten. An der Wand war ein Messband angebracht, ein gelbes Band, und darauf gekennzeichnet waren Zahlen in schwarz. Wenn man einen Gefangenen mit List hinrichten und sich daran auch noch erfreuen wollte, stellte man ihn mit dem Rücken an die Wand, sozusagen um seine Größe zu messen. Im Raum hinter der Wand nahm der die Hinrichtung Durchführende seine Stellung ein. Durch einen Spalt in der Wand, die der Länge nach durch das Messband verdeckt war, zielte der Schütze und schoss dem Unglücklichen dann direkt in die Mitte des Kopfes.

Unsere Tour führte uns weiter in das Archiv, das von Frau Sabina Stein und einem Team von Rechercheuren und Freiwilligen geleitet wird. Wir waren beeindruckt von der Gründlichkeit und Ernsthaftigkeit der Geschichtsforschung, die hier durchgeführt wird.

Frau Junk und Frau Stein gaben uns zusätzliche Informationen zur Geschichte des Lagers seit seiner Gründung im Jahre 1939.

Während unseres gesamten Aufenthalts wurden wir von zwei jungen Damen begleitet, Pia und Nina, die sich sehr bemühten, uns diesen Besuch so einfach und so angenehm wie möglich zu machen. Wir spazierten mit ihnen durch die Straßen von Weimar, besuchten das Goethe- und Schiller-Museum und auch das Bauhaus-Museum. Ich erinnerte mich an jenen Morgen vor 60 Jahren, wenige Tage nach der Befreiung, als wir, eine Gruppe von Kindern, von Buchenwald bis nach Weimar gegangen sind. Ich kann mich nicht mehr erinnern, wie ich in die Stadt kam und wer die Kinder waren. Wir irrten durch die Straßen ohne einen Groschen in der Tasche, hungrig und armselig. Wir sahen gut gekleidete Männer, Frauen und Kinder, die spazieren gingen, Einkäufe tätigen und in Kaffeehäusern und Restaurants saßen. Uns wurde klar, dass hier, nur wenige Kilometer von Buchenwald entfernt, das Leben normal weiter ging, trotz der unglaublichen Nähe zur Hölle. Dieses Mal entschloss ich mich, mir etwas Gutes zu tun. Wir gingen in die uns in der Stadt empfohlene Konditorei, und ich lud alle zu Kaffee und Kuchen ein. Ich wählte den besten und teuersten Kuchen, den es in der Konditorei gab. Die Rechnung zahlte ich mit großem Genuss.

Die Zeremonie zum Gedenktag fand in der Halle des Nationaltheaters von Weimar statt. Unter den Ehrengästen waren der deutsche Bundeskanzler Gerhard Schröder, der Ministerpräsident von Thüringen, Dieter Althaus, und der bekannte spanische Schriftsteller Jorge Semprun, der eine bewegende Rede gehalten hat. Er warnte die Menschheit vor einem zweiten Holocaust, denn, so sagt er, die Lektion wurde immer noch nicht gelernt. Im Publikum waren Hunderte der Überlebenden von Buchenwald, die aus allen Teilen der Welt angereist kamen. Eine besondere Aufmerksamkeit erregten Dutzende von Veteranen der amerikanischen Truppen, altgediente, mit Medaillen geschmückte Soldaten, dieselben Soldaten, die damals am 11.4.1945 unter den Befreiern des Lagers Buchenwald waren.

Eine große Ergriffenheit herrschte im Publikum, als die bekannte Hymne von Buchenwald erklang. Viele standen auf und sangen mit.

Auch ich stand bewegt und mit Tränen in den Augen da.

Der Kreis hatte sich geschlossen!

Übersetzug aus dem Hebräischen: Marjorie Kaufman

Naftali Fürst

Siegburg – Berlin

Im April 2005, während meines Besuches im Konzentrationslager Buchenwald und meiner Teilnahme an der Zeremonie anlässlich des 60. Jahrestages seit der Befreiung des Lagers, hat sich der Kreis meines Schweigens geschlossen. Das Gelöbnis – nicht Deutsch zu sprechen und nie wieder nach Polen und in deutschsprachige Länder zu reisen – war aufgehoben.

Der Einladung von Frau Christiane Rohleder, nach Siegburg zu kommen und am Jahrestag der Reichskristallnacht teilzunehmen, habe ich erst nach sehr langem Hin und Her und großer Unentschlossenheit zugesagt.

Dieser Besuch öffnete mir neue Horizonte, in die ich 60 Jahre lang nicht wagte hineinzuschauen. Unser erster Auftritt war aufgrund seines Standortes äußerst überraschend. Der erste Abend des Gedenktages am 8. November 2006 fand in Köln in der Paul-Gerhardt-Kirche statt. Der Empfang war sehr herzlich. Menschen aller Altersgruppen füllten den Kirchenraum, einige hatten keinen Platz und blieben in den Gängen der Kirche stehen. Max Hamburger, Nikolaus Gruner (meine Freunde aus dem bekannten Bild vom Konzentrationslager Buchenwald) und ich erzählten jeweils einen Ausschnitt unseres Lebens im Lager. Es war unglaublich, wie interessiert das Publikum uns zuhörte. Nach einer Reihe von Fragen und erstaunten Blicken über unser Überleben bedankte sich das Publikum mit heftigem Applaus. Ich war sehr überrascht, wie sehr sich das Publikum, das aus deutschen Christen und hauptsächlich aus jungen Menschen bestand, für unser Schicksal während der Zeit des Holocaust interessierte.

Am 9. November 2006, 68 Jahre nach der Reichskristallnacht, wurde im Anno-Gymnasium in Siegburg ein Gedenktag abgehalten. Das Anno-Gymnasium wurde im Jahre 1597 gegründet und befindet sich in einem sehr großen Gebäude. Die Zeremonie fand in der Aula statt unter der Leitung von Frau Annette Hirzel.

Es waren etwa 400 Schüler anwesend. Wir, die Gäste, saßen auf einer erhöhten Bühne und neben uns zwei Schüler, die die Fragen stellten, die vorher extra zu diesem Anlass vorbereitet worden waren. Ihre Fragen waren treffend und präzise, sie brachten das Interesse zum Ausdruck, von uns über diese dunklen Zeit ihres Volkes zu hören und zu erfahren. Manchmal beantwortete ich ihre Fragen mit großer innerer Bewegtheit.

Zeitzeugengespräch im Anno-Gymnasium Siegburg am 9.11.2006

Frau Annette Hirzel las mit bewegter Stimme einen Artikel, den ich zusammen mit meiner Lebensgefährtin Tova Wagman über eine Nacht aus 1033 Tagen und Nächten geschrieben hatte, die ich als Gefangener des Konzentrationslagers erlebte. Ich fühlte mich verpflichtet und gleichzeitig berechtigt, im Namen von mehr als einer Million Kindern, die diese Verdammnis nicht überlebten, hier anwesend zu sein. Ich empfand es als besonders wichtig, den Kindern über unsere Vergangenheit zu erzählen, die im unzertrennlichen Zusammenhang zu ihren Eltern und Großeltern steht.

Die Zeremonie war sehr ehrenvoll und vorbildlich. Die Lehrerschaft und der Direktor der Schule dankten uns und schenkten uns als Erinnerung ein Buch über die Geschichte des Anno-Gymnasiums.

Wir hatten eine besondere Beziehung zu Frau Annette Hirzel geknüpft, die mich bis heute begleitet, und man kann sagen, dass sich zwischen uns eine tiefe und besondere Freundschaft entwickelt hat. Es war ein schwerer und geistig sehr anstrengender Tag. Am selben Abend fand ein Gedenktag in Rosbach statt, und zwar im Haus einer der jüdischen Familien der Stadt, die nicht überlebte. Ihre Nachkommen hatten das Haus gestiftet, damit es als Gedenkstätte das Leben der Juden dieser Stadt verewigen soll. Der Abend war unter dem Titel »Landjuden an der Sieg« gestaltet.

Max Hamburger, Nikolaus Gruner und ich erzählten über unsere Mühsal, die wir in den Lagern erlebten, und unser Überleben aus der Verdammnis.

Der Saal war voll bis zum letzten Platz. Unter den Anwesenden waren ehrenwerte Personen aus der Umgebung und an der Spitze der Landrat des Rhein-Sieg-Kreises, Herr Frithjof Kühn, der sich zusammen mit seiner Gattin persönlich um uns bemühte. Der Abend war von einer passenden sanften Melodie im Hintergrund begleitet. Ich spürte eine Nähe und eine Empathie von Seiten des Publikums, das sein Interesse zum Ausdruck brachte und uns mit heftigem Applaus dankte.

Foto: Axel Vogel, General-Anzeiger Bonn

Gedenkstätte Landjuden an der Sieg, Windeck-Rosbach, 9.11.2006

Man kann sagen, dass ich in Siegburg zum ersten Mal vor einem großen Publikum stand und Deutsch sprach. Während der ganzen Woche knüpften wir freundschaftliche Beziehungen mit Ortsansässigen, vor allen Dingen mit Frau Christiane Rohleder und Frau Annette Hirzel.

Sie beide haben diesem Besuch eine große Bedeutung beigemessen und haben kooperiert, um uns *im Jahr 2007* in den Bundestag zum internationalen Tag des Holocaust am 27. Januar einzuladen.

Berlin-Reise zum Holocaust-Gedenktag in den Deutschen Bundestag, Januar 2007 (v.l.: Annette Hirzel, Naftali Fürst, Tova Wagman, Nikolaus Grüner, Christiane Rohleder)

Und tatsächlich – wir bekamen eine Einladung von der deutschen Regierung, an der Zeremonie des Gedenktages zur Erinnerung an die Opfer des Nationalsozialismus, der am 29. Januar 2007 im Bundestag in Berlin stattfand, teilzunehmen.

Wir nahmen an einer Reihe von Ereignissen teil, bei denen wir als Ehrengäste und als die Hauptbefragten auftraten. An dieser Stelle möchte ich auch die Akademie der Konrad-Adenauer-Stiftung, das Rathaus Schöneberg und die Freie Universität Berlin erwähnen.

Frau Hirzel und Frau Rohleder hatten einen Abend der Danksagung in der Privatwohnung, die Frau Meggie Jahn (Vorstandsmitglied der Deutsch-Israelischen Gesellschaft Berlin) zur Verfügung gestellt hatte, veranstaltet. Unter den geladenen Gästen war auch der Organisator der internationalen Jugendbegegnung (an der 80 Jugendliche vor allem aus Polen, Frankreich und Deutschland teilnahmen) und Mitarbeiter der Bundestagsverwaltung

Internationale Jugendbegegnung zum Holocaust-Gedenktag: v.l.: Tova Wagman, Naftali Fürst, Hans-Henner Becker, Nikolaus Grüner, Christiane Rohleder

Hans-Henner Becker. Es war ein sehr angenehmer Abend, an dem wir interessante Menschen kennen lernten, die Verbindungen zum Judentum und Israel haben.

Am 28. Januar nahmen wir an dieser Jugendbegegnung im Bundestag teil, und ich hielt einen Vortrag. Es war auch für mich eine sehr faszinierende Versammlung. Ich konnte ein tiefes und

Empfang bei Bundestagsvizepräsident Wolfgang Thierse (v.l.: Christiane Rohleder, Nikolaus Grüner, Wolfgang Thierse, Naftali Fürst, Tova Wagman, Annette Hirzel)

aufrichtiges Interesse bei allen Jugendlichen erkennen. Aufgrund des heftigen Applauses fühlte ich, wie auch sie mir ihre Wertschätzung und ihren Dank entgegen brachten.

Die Krönung unseres Besuches war der Empfang in den Räumen des Bundestagsvizepräsidenten, Herrn Dr. Wolfgang Thierse, und unsere Anwesenheit bei der Gedenkzeremonie im Hauptsaal des Bundestags. Die Regierungsspitzen und Abgeordnete des Bundestags hörten dem Nobelpreisträger Imre Kertesz zu, der Abschnitte aus seinem Buch vorlas. Der Hauptredner war der Vorsitzende des Bundestags, Herr Dr. Norbert Lammert. Der künstlerische Teil bestand aus angenehmer volkstümlicher Zigeunermusik, die von drei ungarischen Musikern gespielt wurde.

Tova, meine Lebensgefährtin, und ich saßen auf den Plätzen der Bundestagsabgeordneten. Wir fragten uns beide, ob das die Realität sei oder ob es uns nur so vorkomme, dass wir, Tova Wagman aus Haifa und Ďuro Fürst, der in Buchenwald starb, hier nun – 62 Jahre nach diesem schrecklichen Krieg – sitzen?!

Ich möchte Frau Annette Hirzel und Frau Christiane Rohleder meinen Dank auszusprechen, denn ohne die beiden wäre es zu all dem nicht gekommen.

Übersetzug aus dem Hebräischen: Marjorie Kaufman

Naftali Fürst im September 2007 in Birkenau

Naftalis 74. Geburtstagsfeier im Dezember 2006 zusammen mit Shmuels Familie

Oktober 2007 in Bregenz/Österreich, v.l.: Naftali Fürst, Tova Wagman, Angelika und Joachim Wiesner

Nachträge für die 2. Auflage

Seit seinem ersten Besuch in Deutschland im Jahr 2005, 60 Jahre nach seiner Befreiung 1945 im KZ Buchenwald, wird Naftali Fürst inzwischen immer wieder als Gast nach Deutschland eingeladen: jedes Jahr zum 11. April nach Buchenwald zur Gedenkfeier an die Befreiung des KZ Buchenwald am 11. April 1945, auch zum 27. Januar, dem Gedenktag an die Opfer des Nationalsozialismus, zur Eröffnung der Gedenkstätte „Topf & Söhne" in Erfurt oder zu Zeitzeugengesprächen z.B. in Schulen, Gedenkstätten und Organisationen. Wo immer er spricht, wird er anschließend umringt von Erwachsenen ebenso wie von Kindern und Jugendlichen: Sie suchen die Nähe dieses Menschen, der so Unfassbares und Unvorstellbares erlebt, überlebt, in Erinnerung behalten hat und der unvergleichlich lebensbejahend nicht nur Zeugnis ablegt, sondern Menschlichkeit, Warmherzigkeit und Freundschaft über alle Grenzen hinweg ausstrahlt.

Auch in der Gedenkstätte Yad Vashem in Jerusalem mit ihrer International School for Holocaust Studies steht er immer wieder als Zeitzeuge bei Fortbildungsveranstaltungen vor allem für deutschsprachige Gruppen Rede und Antwort. Inzwischen ist dort ein ganz neues Lernprojekt entwickelt worden, das es gleichaltrigen Schülern aus Deutschland und Israel ermöglicht, sich mit den je eigenen Perspektiven auf den Holocaust per Internet und Video-Konferenz direkt auszutauschen. Naftali Fürst hat sich mit seiner Lebensgeschichte von Beginn an darin einbinden lassen.

Für diese unterschiedlichen Anlässe hat er auch nach der Veröffentlichung seines Buches „Wie Kohlestücke in den Flammen des Schreckens" im Jahr 2006 weitere Erinnerungsgeschichten – mit Unterstützung seiner Partnerin Tova Wagman – aufgeschrieben, die in ihm, vor allem während einer Phase der Krankheit und Genesung, „brennen". Wer sie liest oder hört, ist tief berührt.

Eine israelische Freundin hat sie ebenso wie die Reden, die er an verschiedenen Orten gehalten hat, für ihn aus dem Hebräischen ins Deutsche übersetzt.

Die Decke *12.2009*

Ich schlummere zufrieden vor mich hin
in meinem großen, breiten Bett.
Eingehüllt in einer Decke, warm und leicht.
Die Kissen voll und flauschig, die Laken sauber,
ein Gefühl von Ruhe und Gelassenheit.

Eine Erinnerung schießt durch meine Gedanken
und unterbricht den Moment des Wohlgefühls,
zieht meine Gedanken in die Vergangenheit zurück
und löscht in einem Augenblick 66 Jahre eines Lebens.

Ich bin dort.

Nächte voller Leid, Kälte und Feuchtigkeit.
Viele Menschen auf Hochbetten,
es gibt keine Matratzen, und die Bretter sind hart.
Ich habe kein Kissen,
die Decke ist dünn,
die Decke ist kurz,
die Decke stinkt,
und mir ist kalt,
Nacht für Nacht.
Die Menschen um mich herum
leiden, stöhnen, weinen,
einschlafen können sie nicht.

Das morgendliche Aufstehen verlief mit Gebrüll
und Befehlen,
nicht alle hörten auf die Anweisungen.
Einige träumten, andere litten und schliefen ein,
und ein Teil wachte bis heute nicht auf.

Viele Winter sind vergangen,
mein Leben nahm einen anderen Lauf.
Doch nie werde ich vergessen,
jene Nächte des Winters 1944 und 45.

Mein Bett ist groß und breit,
meine Decke ist leicht und weich.
So liege ich zufrieden, ich fürchte mich nicht.
Ich würdige die Gabe
und sage „Danke“ für das, was ich habe.

Duro – Naftali

Die süße Medizin Haifa, Februar 2010

Die schwere und ohrenbetäubende Bombardierung war von weitem zu hören. Ein optimistisches Gerücht verbreitete sich unter den Häftlingen des kleinen Lagers Budi. Die Routine des Lebens, das keines war, ging weiter. Shmuel ging zur Arbeit in der Schreinerei, ich ins Ärztezimmer. Ich reinigte die Klinik und brachte alles für einen neuen Tag in Ordnung. Es war der 17. oder 18. Januar 1945. Ein eiskalter Winter. Schwere Wolken hingen über uns am Himmel. Von Stunde zu Stunde verbreitete sich das Gerücht mehr und mehr, wonach das Lager demnächst geräumt werden würde. Wir befanden uns in Unsicherheit. Nach einer gewissen Zeit hörten wir einen Befehl – alle Häftlinge des Lagers mussten sich am nächsten Morgen zum Ausgangsappell melden. Wohin? Das wusste keiner. Die Bombardierung ging weiter. Von dem, was die Häftlinge sagten, verstanden wir, dass die Angriffe der Stadt Krakow galten, die etwa 60 km entfernt liegt. Die russische Front näherte sich. Die Befreiung schien möglich zu sein.

Shmuel und ich überlegten, ob wir uns im Lager verstecken sollten, in der Schreinerei, in der Scheune oder in irgendeinem Versteck, das wir fanden. Uns war klar, dass dies eine große Gefahr war, denn bereits beim Appell am Morgen würde man bemerken, dass wir fehlen. Es war auch möglich, dass andere Häftlinge dasselbe taten. Der Kapo und der Blockälteste kündigten an, dass jeder Häftling, der versuchen sollte, zu fliehen oder sich zu verstecken, an Ort und Stelle erschossen würde.

Ein weiteres Gerücht verbreitete sich, wonach die Deutschen das ganze Lager sofort, nachdem sie es mit Schüssen durchkämmten, in Brand stecken würden. Wir ahnten, was wir zu erwarten hätten.

Jedem Häftling wurde eine größere Mahlzeit als gewohnt zugeteilt. Wir bekamen ein ganzes Brot, ein halbes Paket Margarine und ein Stück Wurst.

Die Verwirrung im Lager war groß. Wir beide zögerten, ob wir das große Risiko auf uns nehmen sollten, wobei die Chance, in Kürze gerettet und befreit zu werden, nur sehr gering war, oder ob es vielleicht besser wäre, den Befehlen zu folgen und das Lager mit allen Häftlingen zu verlassen. Wir hatten verstanden, dass der Marsch aus dem Lager, dessen Ziel und Dauer unbekannt waren, sehr viel Leid mit sich bringen würde. Wir mussten uns entscheiden. Es schien, dass die Angst die Ungewissheit besiegt hatte, und wir entschieden uns, den Befehlen zu folgen, und meldeten uns mit allen Häftlingen des Lagers zum Ausgang.

Der französische Arzt, der mich mochte und mir während der Zeit im Lager Budi sehr half, verschwand plötzlich. Zu meinem Bedauern weiß ich bis heute nicht, was mit ihm passiert ist. Ich blieb allein in der Klinik und nutzte diese Gelegenheit: Ich fand ein paar zerrissene Hosen. Ich nahm die Gummischläuche sämtlicher Apparate, die dort waren, einschließlich

des Schlauchs des Klistiergerätes. Aus den Hosen und den Schläuchen bastelte ich eine Art Rucksack. Ich sammelte einige der Medikamente, die noch im Medikamentenschrank waren, ein. Ich war bezüglich meiner Findigkeit sehr stolz auf mich. Auch die Essensportionen, die wir bekamen, steckte ich in den Rucksack. Andere Häftlinge stopften das Essen ins Hemd oder in die Taschen, und dann gab es diejenigen, die es in den Händen hielten.
Wir hatten einen Rucksack!

Am 19. Januar 1945 begannen wir den Fußmarsch, der später als der Todesmarsch bekannt wurde. Die Hölle wurde uns sofort am ersten Tag des Marsches bewusst und dauerte fünf Tage lang an. Wir marschierten über Leichen und Todgeweihte. Sie lagen in den Gräben auf den Seiten des Weges. Es regnete. Es war sehr kalt. Wir hatten Todesangst. Wir waren hungrig und durstig. Wir marschierten, ohne zu wissen wohin und wie lange. Wir waren am Ende unserer Kräfte und kämpften um jeden Schritt. So sehr wollten wir leben.

Die Essensportion war bereits in den ersten Tagen aufgegessen. Der Rucksack war fast leer. Am vierten Tag des unendlichen Marsches lud man uns auf offene Zugwaggons, die für den Transport von Vieh bestimmt waren. In den Waggons lag der Schnee einen Meter hoch. Wir saßen mitten drin und froren vor Kälte und Schwäche. Am Vorabend fuhr der Zug los. Der kalte Wind peitschte um uns. Man konnte sich nirgends verstecken. Wir waren entmutigt. Menschen schliefen vor Müdigkeit ein und sind zu Tode erfroren. Shmuel froren die Zehen am linken Fuß ein. Wir waren machtlos. Ich war an der Grenze meiner Verzweiflung, als ich mich an die Medikamente in meinem Rucksack erinnerte. Ich holte ein Glasfläschchen heraus und öffnete es. Es war mit glatten flachen Tabletten gefüllt. Ohne lange darüber nachzudenken, nahm ich eine in den Mund. Ihr Geschmack war süß. Ein Geschmack, den ich schon lange nicht mehr im Mund gespürt hatte. Ich reichte

Shmuel die Flasche, und wir begannen, die Süße der Tabletten zu lutschen. Sobald die Süße weg war, wurde es bitter. Das war das Zeichen, die Tablette auszuspucken. Wir versuchten alle Medikamente, doch zu unserem Bedauern hatten nicht alle diesen süßen Überzug. Das war unsere einzige Mahlzeit während der letzten zwei Tage unseres Marsches. Ich weiß nicht, für welche Krankheit dieses Medikament bestimmt war und wie es hieß. Wir profitierten von etwas Nahrung und geringen Kräften, um weiter zu leiden. An die Geschichte mit den Medikamenten erinnerten wir uns – Shmuel und ich – noch dutzende Male.

65 Winter sind seit dem Lutschen der süßen Medizin vergangen. Im letzten Jahr stand ich vor zwei schweren Herausforderungen – dem Krieg gegen den Krebs und gegen die Krankheit der Arteriosklerose. Laut Arztberichten und meinem heutigen Gefühl stand ich auch dieses Mal vor einer großen Herausforderung. In einer Blutuntersuchung, nach meiner Herzoperation im Januar, wurde ein Eisenmangel festgestellt. Die Ärzte verschrieben mir verschiedene Medikamente, darunter ein Medikament mit dem Namen FERRO-GRADUMET, das zur Anreicherung des Eisens im Blut bestimmt ist und dessen Überzug süß ist. Eine Tablette täglich. Seitdem vergeht kein Tag, an dem mich nicht mein Gedächtnis zurückführt und ich an den improvisierten Rucksack mit den Tabletten denke, die wir im Waggon des Grauens lutschten.

Ich frage mich, welche der Tabletten wohl von größerer Bedeutung sind – die anonymen im Todeswaggon, die ich in Budi im Januar 1945 genommen, aber nicht geschluckt habe, oder die, die ich in der Apotheke, mit einem Rezept vom Arzt, im Januar 2010 bekommen habe und von denen ich jeden Tag eine schlucke?! Beide haben einen süßen Überzug. Ich habe nicht lange gezögert:
Die Tablette aus Budi hat gewonnen.

Tatsache ist, dass ungeachtet dessen, dass ich sie nicht geschluckt habe, ich mich nach 65 Jahren an sie erinnere und sie bis heute auf mein Leben Einfluss hat.

Leider kann ich meinen Bruder Shmuel nicht an meinen Gedanken teilhaben lassen. Es sind jetzt sieben Jahre, seitdem er von uns gegangen ist, und er fehlt mir sehr.

Der Todesmarsch ging am 23. Januar 1945 zu Ende. Wir kamen völlig erschöpft und erschlagen in Buchenwald an.

Duro – Naftali
Textbearbeitung: Tova Wagman

Am 27. Januar 2011 wurde in Erfurt die Gedenkstätte „Erinnerungsort Topf & Söhne – Die Ofenbauer von Auschwitz“ eröffnet. Hier waren die Verbrennungsöfen für die Massenkrematorien in Auschwitz-Birkenau und Buchenwald gebaut worden. An diesem Täter-Ort wird heute die Beteiligung eines Privatunternehmens an der Vernichtungsmaschinerie der Shoa dokumentiert. Bei der Eröffnung dieses Dokumentationszentrums hielt Naftali Fürst folgende Rede:

Erfurt, den 27.1.2011

Sehr geehrte Damen und Herren,
verehrte Gäste,

mit Dank habe ich Ihre Einladung zur Gedenkfeier für die Opfer des Holocaust angenommen.

Allerdings war ich überrascht zu lesen, um was für einen Ort es sich handelt, an dem diese Gedenkfeier stattfindet – der Betrieb „Topf & Söhne“, eine Fabrik, die in den dunklen Jahren die Öfen herstellte, die der Verbrennung der Leichen aus den verschiedenen Vernichtungslagern diente – unter ihnen auch Auschwitz und Buchenwald, in denen ich war. Öfen, deren Zweck es war, die „Endlösung“ voranzutreiben und zu vervollständigen, denen auch meine Familienangehörigen, meine Großmutter, meine Onkel und Tanten sowie deren Kinder, unter ihnen die Jüngste, die wunderbare, gerade mal fünf Jahre alte Marika, zum Opfer fielen.

Zweimal bin ich der Verbrennung in den Öfen, die hier in diesem Gebäude hergestellt wurden, das von Wohnhäusern, Kirchen und Kulturstätten umgeben ist, um ein Haar entkommen.

Das erste Mal, als ich mit meiner Familie am 3. November 1944 nach Auschwitz kam: Der Zug hielt an der Rampe, am

Ort der Selektion – an dem Ort, an dem entschieden wurde, wer am Leben bleiben und wer sterben sollte.

Das Erste, was ich noch aus einer Öffnung des Waggons sah, waren die roten Flammen, die aus den Schornsteinen der Krematorien der Fabrik „Topf & Söhne“ stiegen. Da ich bereits einiges wusste, unter anderem auch aus Erzählungen der Gefangenen der Lager, war mir bewusst, dass mein Tod nahe und dass der Weg zum Krematorium noch näher war. Doch es geschah ein Wunder. Eines der Wunder, das ein Kind wie ich brauchte, um diese Hölle zu überleben: Einen Tag bevor wir nach Auschwitz kamen, hatte Himmler den Befehl gegeben, den Betrieb der Gaskammern einzustellen. Die Vernichtungsmaschinerie durch Gas wurde eingestellt, doch in den Krematorien wurden weiter Leichen verbrannt. Auf meinem Arm wurde die Nummer B-14026 tätowiert. Mein Bruder Shmuel und ich waren von unseren Eltern getrennt worden und blieben allein.

An dieser Stelle überspringe ich den Teil des Überlebenskampfes in diesem schrecklichen Lager, in dem wir tagtäglich im Schatten des Todes existierten.

Im Januar 1945 begann die Auflösung der Lager in Polen; die Menschen wurden nach Deutschland gebracht. Shmuel und ich mussten, zusammen mit Tausenden von Gefangenen, den Todesmarsch gehen.

Am 23. Januar, heute, fast genau vor 66 Jahren, kamen wir nach Buchenwald. Ich war völlig erschöpft und krank. Mein Gesundheitszustand verschlimmerte sich. Ich bekam sehr hohes Fieber und litt unter Halluzinationen. Ich stand dem Tode gegenüber, und wieder war ich kurz davor, mein Leben als Häufchen Asche zu beenden. Mein Bruder war hilflos. Er konnte nichts für mich tun. Der Blockälteste Kalina befahl meinem Bruder, mich ins Krankenhaus zu bringen, in der

Hoffnung, dass man mich dort eventuell retten könnte. Shmuel fürchtete das Krankenhaus, denn er wusste, dass man von dort nicht mehr zurückkehrte.

Das zweite Wunder geschah, und ich kam, trotz meines kritischen, dem Tode nahen Zustandes, wieder zu mir und wurde gesund. Am 11. April 1945 wurde ich von der amerikanischen Armee in Buchenwald befreit. Ich war gerade mal 12 Jahre alt.

Ich wurde erwachsen, ging nach Israel, gründete eine Familie, bekam Kinder, die ebenfalls eigene Kinder, meine Enkelkinder, haben, von denen einer, genau wie ich damals, heute 12 Jahre alt ist. Sein Name ist Michael.

Wieder und wieder stelle ich mir Fragen, die mir bis heute keine Ruhe lassen. Seit wir Ihre Einladung bekommen haben, sehr geehrte Damen und Herren, habe ich ein paar besonders quälende Fragen:

- Wie ist es möglich, dass Menschen, die hier in dieser schönen Stadt Erfurt lebten, Tag für Tag aufstanden, sich von ihren Frauen mit einem liebevollen Kuss verabschiedeten, ihre Kinder in den Kindergarten oder zur Schule brachten und dann zur Arbeit in die Fabrik „Topf & Söhne“ gingen, in der sie in diesem Gebäude tagein, tagaus Öfen bauten, in denen Menschen schnell und ohne großen Aufwand verbrannt wurden. Dann, am Ende eines Arbeitstages, nach Hause zurückkehrten, sich Musik anhörten, sich mit ihrer Frau unterhielten und mit den Kindern spielten und herzten?
- Wie war es ihnen möglich?
- Wie lautete ihre Antwort auf die Frage ihrer Kinder, wenn diese sie fragten: „Was hast du heute auf der Arbeit gemacht, Papa?“
- Was haben sie ihrer Frau erzählt, wenn sie von den Vernichtungslagern zurückkehrten, wo sie die Verbrennungsöfen

aufstellten, und dabei stets bedacht waren, ihr Bestes zu geben?

Leider fand ich bis heute keine einleuchtende und sinnvolle Antwort.

60 Jahre lang habe ich den deutschen Boden nicht betreten, und 60 Jahre lang habe ich es vermieden, Deutsch, meine Muttersprache, zu sprechen.

Erst vor sechs Jahren kam ich zum ersten Mal seit Ende des Krieges wieder hierher zurück.

Ich traf auf warme und herzliche Menschen, von denen viele sogar unsere Freunde wurden – sowohl im Herzen als auch in der Seele.

Abschließend möchte ich uns auch deshalb, für uns alle, mehr Verständnis und Wohlwollen sowie Freundschaft füreinander wünschen. Vor allem aber, dass niemand von uns jemals wieder solche Grauen wird durchleben müssen, wie ich es habe durchmachen müssen.

Naftali Fürst und Tova Wagman

Im Frühjahr 2011 starb der Holocaust-Überlebende Robert Büchler, Mitbegründer des Internationalen BuchenwaldKomitees und Vorsitzender der israelischen Sektion. Naftali Fürst wurde gebeten, für das Amt des Vize-Präsidenten zu kandidieren. Das hat er gern und mit dem Versprechen getan, „meine Kraft zur Verfügung (zu) stellen, um im Sinne unseres verstorbenen Freundes Robert Büchler tätig zu sein".

Im selben Jahr hat die Thüringische Ministerpräsidentin Christine Lieberknecht Naftali Fürst, den sie in Erfurt und Buchenwald kennengelernt hatte, bei ihrem 4-tägigen Israel-Besuch im Jahr 2011 zu einem deutsch-israelischen Konzert mit Empfang in Jerusalem eingeladen. Sie wollte nach der furchtbaren Neonazi-Mordserie in Deutschland, die alle erschüttert hat, mit ihrem ersten Israel-Besuch ein Zeichen setzen.

Zum 27. Januar 2012 wurde er als Ehrengast zur Gedenkstunde anlässlich des Holocaust-Gedenktages in den Thüringischen Landtag und zu zahlreichen Gesprächen und Begegnungen eingeladen. Zu diesem Anlass hat er folgende Rede gehalten:

Sehr geehrte Damen und Herren,
sehr verehrte Gäste,
ich freue mich, wieder einmal hier zu sein und meine alten und neuen Freunde zu treffen.

Zunächst möchte ich Frau Christine Lieberknecht, Ministerpräsidentin des Landes Thüringen, sowie der Präsidentin des Thüringer Landtags, Frau Birgit Diezel, für ihre Einladung anlässlich des internationalen Holocaustgedenktages danken.

Besonderer Dank gilt darüber hinaus Frau Oberamtsrätin Ingrid Gerards für ihre zu jeder Zeit umsorgende Begleitung während meines vorangegangenen Besuchs.

Ein weiterer Dank an Frau Lieberknecht, die uns in Jerusalem zu dem so wundervollen gemeinsamen Konzert der Musikhochschulen aus Weimar und Jerusalem eingeladen hatte. Es war dies ein außergewöhnlicher und herzerwärmender Abend. Wir haben es genossen, mit den begabten jungen Leuten aus Israel und Deutschland zu sprechen. Eine wunderbare Jugend. Manchmal denke ich, dass ich hier bei Ihnen bin als ein altes und außergewöhnliches Museumsstück.

Ein Kind, allein, auf sich gestellt, das drei Jahre lang die Hölle auf Erden durchlebte und um sein Leben bangte, vier verschiedene Konzentrationslager überlebte, Überlebender von Auschwitz, der den Todesmarsch im Winter 1944 überlebte und mit letzten Kräften nach Buchenwald kam, das von hier nur einige wenige Kilometer entfernt liegt. Buchenwald war meine letzte Station, wo ich mich schon mit einem Fuß im Jenseits befand. Aber nein!

Ich kann es kaum fassen, dass seitdem inzwischen 67 Jahre vergangen sind und dass aus der Asche des Menschen auf einem nicht einfachen Lebensweg ich hierher zurück kam und hier und heute bei und mit Ihnen zusammen bin, optimistisch und voller Zuversicht.

Ich fühle großes Glück, dass mir nicht nur das Recht, sondern auch die moralische Pflicht zuteil wurde, die Welt daran zu erinnern, dass auch Kinder brutal ermordet wurden, durch die Hände von Herzlosen. Zu ihrem Gedenken ist es meine Pflicht, die jungen und erwachsenen Deutschen an meinen Überlebenskampf und an die Zeit des Grauens und des Schreckens – die Zeit der Shoah – zu erinnern.

Es fällt mir schwer, die Vergangenheit zu leben oder mich ihrer zu erinnern. Trotzdem: Ich fühle mich als Gesandter all der Unglücklichen, die die schreckliche Zeit nicht überlebt haben.

Und indem ich heute den internationalen Holocaustgedenktag mit Ihnen zusammen begehe und vor Ihnen spreche, hoffe ich, damit etwas zur gegenseitigen Verständigung und dem Verständnis und der Geduld der Menschen füreinander beizutragen.

Bei dieser Gelegenheit möchte ich Sie ebenfalls zur Erstausstrahlung des Filmes „Kinderblock 66“ einladen, der im April in Buchenwald gezeigt wird.

Sehr geehrte Damen und Herren, sehr verehrte Gäste, abschließend möchte ich Ihnen sagen, dass ich Ihnen gegenüber in meinem Herzen eine angenehme Nähe empfinde.

Naftali Fürst

Auch zum 67. Jahrestag der Befreiung des KZ Buchenwald am 11. April 2012 war Naftali Fürst wieder mit seiner Partnerin zu Gast in Buchenwald. Diesmal unternahm er eine Familien-Reise, auf der ihn außer Tova auch seine Tochter Ronit mit ihrem Mann, drei ihrer vier Kinder sowie ein Sohn von Tova begleiteten. Sie besuchten zuerst die Gedenkstätte Auschwitz und Auschwitz-Birkenau und machten einen Kurzbesuch in Krakau, bevor die gemeinsame Reise sie nach Buchenwald und Berlin führte.

Die Familienangehörigen waren zum ersten Mal in Auschwitz. Ronit schilderte ihren Freundinnen in Israel ihre Eindrücke von dort und von Krakau per Mail (Übersetzung aus dem Hebräischen ins Deutsche von Cathrin Shalev)*:*

So, nun ist es vorbei, der Tag in Auschwitz-Birkenau verlief absolut ok. Ich habe wirklich sehr auf mich Acht gegeben und habe mich nicht in all die schrecklichen Richtungen gehen lassen.

Das ist ein Erlebnis!!!

Es war total berührend, hier mit meinem Vater und der ganzen Familie zu sein. Er war sehr aufgeregt und erzählte und erzählte und wiederholte und erzählte von Neuem. Er zeigte uns genaue Plätze, an die er sich erinnern konnte, an denen etwas passiert ist, das ist unglaublich, denn er war erst 11 Jahre alt vor 70 Jahren, und er konnte sich an genaueste Einzelheiten erinnern.

Er war total glücklich mit uns, und für uns war es „eine Freude“, mit ihm in seinem Glück zusammen zu sein.

Es ist unvorstellbar, diese eingefahrene Todesmaschinerie zu sehen, das Schlechte und diesen Sadismus. Selbst wenn du mit einem Menschen zusammen hierherkommst, der das alles durchgemacht hat, ist es nur schwer vorstellbar. Sogar mein Vater selbst sagt: Je mehr Zeit verstreicht, desto schwerer ist es für ihn zu glauben, dass er all dies durchgemacht hat. Überhaupt ist dies alles ein Erlebnis, denn er öffnet sich und spricht über alle möglichen Sachen und Personen, Gedanken und bestimmtes Verhalten – die ganze Zeit sagt er: Jetzt versteht ihr mich besser, warum ich mich so benehme, wie ich mich benehme.

Außerdem ist es von großer Bedeutung, dass wir mit Vater die vorige Reise auf den Spuren unserer Herkunft gemacht haben. Die Kinder verstehen, worüber er spricht und woher er kommt. Die drei sind einfach fantastisch, sie sind interessiert und fragen, respektieren und kichern selbstverständlich…

Und jetzt zur Überraschung, die ich hatte – Krakau. Obwohl ich von ihr nur den Marktplatz gesehen habe, ist das ein wundervoller Platz mit tollen Geschäften mit viel Schick und Geschmack, so wie ich es selbst in New York noch nicht gesehen habe. Hier gibt es etwas Eigenes, und dies mit sehr viel Geschmack. Gute und schöne Restaurants, tolles Design. Die Leute sind sehr zuvorkommend, und alles ist sehr sauber hier.

Es gibt noch immer die osteuropäischen Geschäfte, aber das Zentrum ist wunderbar!

Das Hotel ist wirklich sehr gut, und wir haben viel Spaß.

Wir haben auch darüber gesprochen, dass den Polen noch viele Jahre ein sehr gutes Einkommen aus dieser Todesindustrie gesichert ist. Die Juden haben ihnen eine dicke Erbschaft hinterlassen. In den Konzentrationslagern selbst gibt es täglich Tausende von Besuchern; unglaublich, wie viele Leute dort herumlaufen.

Diese geben Tausenden anderen aus der Umgebung Einkommen.

Kurz, es war schön. Morgen fliegen wir nach Deutschland, und wir haben zwei Tage in Buchenwald, Festakte, die Premiere des Filmes „Kinderblock 66“ und die Geschichte von Vater.

Von Auschwitz und Krakau brach die Familie nach Buchenwald auf. Hier stand im Rahmen der Gedenkfeierlichkeiten zur Befreiung des KZ Buchenwald ein ganz besonderes Ereignis auf dem Programm: die Premiere des (englischen) Films „Kinderblock 66 – Return to Buchenwald" am 14. April 2012. 65 Jahre nach der Befreiung, am 11. April 2010, hatte Naftali Fürst hier drei weitere überlebende Kinder aus dem Block 66 wiedergetroffen: Pavel

Kohn, Israel-Laszlo Lazar und Alex Moskovic. Der in Amerika lebende Sohn von Alex Moskovic, der Filmproduzent Steven Moskovic, drehte danach diesen Film, der die beispielhafte Überlebensgeschichte dieser vier von fast 1000 Jungen nacherzählt: Sie verdanken ihr Überleben in dem 1944 von inhaftierten Kommunisten eingerichtete Kinderblock 66 dem organisierten Einsatz erwachsener Strafgefangener und vor allem dem Blockältesten Antonin Kalina, wie der Film eindrücklich dokumentiert. Das amerikanische Filmteam hatte Naftali Fürst einige Zeit vorher in Israel besucht und auch in Buchenwald mit ihm gedreht.
Nach einer Führung durch die Gedenkstätte Buchenwald, der bewegenden Premiere des Films und dem offiziellen Festakt mailte Ronit ihren israelischen Freundinnen:
Gestern war ein sehr sehr bewegender Tag – wir sind in Buchenwald angekommen – das Konzentrationslager, das über der wunderschönen Stadt Weimar liegt, die Stadt, die Hitler so sehr mochte, Geburtsort und Wirkungsstätte von Goethe, Schiller, Liszt, Bach, Bauhaus und anderen. Der Inbegriff von geballter Intelligenz. Wir gehen durch die Straßen und spüren förmlich die marschierenden Soldaten. Ich kann auch das ganze kommunistische Leben nachempfinden, das sich hier abgespielt hat. Hier ist es wirklich noch wie in Ostdeutschland vor dem Mauerfall.

Wir hatten eine sehr interessante Führung durch einen Teil der Gedenkstätte. In diesem Lager fühlt sich mein Vater „wie zu Hause“. Wir haben alle Plätze gesehen, die in irgendeiner Weise mit ihm persönlich verbunden sind. Obwohl es in diesem Lager im Gegensatz zu Birkenau-Auschwitz überhaupt keine Baracken gibt – es wurde alles dem Erdboden gleichgemacht –, gibt es neben jeder Gedenkstätte eine Fotografie und eine Erklärung dazu.

Am Nachmittag fand die feierliche Erstaufführung des fantastischen amerikanischen Dokumentarfilms statt – über vier Kinder, die den Kinderblock überlebt haben und jetzt als Erwachsene zurückkehren.

Mein Vater ist einer von ihnen. Das ist der Rahmen einer unglaublichen Geschichte – über einen kommunistischen Mann, der sich zur Aufgabe gemacht hat, der Aufpasser und Erzieher für ca. 900 Kinder im Block 66 zu sein – ein tschechischer Mann aus Prag. Aus meinen Augen ein Heiliger, dem man bis heute in „Yad Vashem" nicht den Titel „Gerechter der Völker" zukommen lässt, obwohl er bereits seit Jahren verstorben ist. Eine Schande! Eine lange faszinierende Geschichte.

Der Film wird auch in Israel ausgestrahlt werden. Er ist sehr gut gemacht und wird bei allen möglichen wichtigen Filmfestivals auf der ganzen Welt eingereicht. Sehr beeindruckend! Wir kennen die Filmcrew. Der Produzent und Regisseur ist der Sohn einer der „Kinder" , der heute 82 Jahre alt ist. Er hat auch den Film finanziert. Sie wurden zu den besten Freunden meines Vaters. Das war ein unglaublich bewegendes Gefühl. Alle miteinander waren sehr ergriffen und weinten zusammen. Die ganze Zeit über hört man von allen Seiten neue Geschichten.

Heute war der offizielle Festakt zur Befreiung des Lagers; bewegend, die alten Häftlinge zu sehen, die immer noch am Leben sind und die alles dafür tun, für diesen Tag aus allen Teilen der Welt jedes Jahr hierher zu kommen.
Buchenwald war zunächst und allem voran ein Zwangsarbeitslager für politische Gefangene, Kommunisten, Homosexuelle, Zigeuner und Juden, und man sieht alle diese Überlebenden, die zu dieser beeindruckenden Zeremonie kommen.

Die Kinder der Zigeuner, der Häftlinge, die mit einem Teil der gestreiften Kleidung kommen; ein Häftling aus Dänemark, der 93 Jahre alt ist, ein Häftling auf einem Rollstuhl, ein weiblicher sehr beeindruckender Häftling aus Budapest und noch etwa weitere 70 Häftlinge, jeder mit seiner persönlichen Geschichte, seinem Wunder.

Man ehrt sie mit Fahnen von allen Ländern und kümmert sich mit großer Ehrerbietung um sie. Auch uns hat man die ganzen zwei Tage zwei Begleiter zur Seite gestellt, abgesehen von den ganzen Leuten, die meinen Vater sowieso die ganze Zeit über umgeben.

Vater sagt, dass er ein „Sonderangebotsüberlebender" ist. Er war sowohl in Auschwitz als auch in Buchenwald, nahm auch am Todesmarsch teil, spricht außerdem Deutsch und ist nach wie vor bei Kräften und sieht darüber hinaus nicht schlecht aus, und das alles zu einem Preis – ein wirkliches „Schnäppchen".

Überhaupt geht ihm das alles sehr nahe, und er ist sehr glücklich, dass wir bei ihm sind, und genießt jeden Augenblick mit uns.

Wir haben wirklich schreckliche Sachen gesehen, die man hier gemacht hat: die Krematorien, die dunklen Keller, und alles wirklich genau so, wie er immer gesagt hat, dass die Kälte und der Wind hier nicht auszuhalten sind. Das stimmt wirklich. Man hat das Lager mit Absicht auf einem Bergrücken erbaut, wo immerzu von allen Seiten Wind geht. Und das bei Zuständen, die keine sind – das kann man überhaupt nicht fassen.

So, heute geht der Teil der persönlichen Shoah meines Vaters zu Ende. Morgen fahren wir nach Berlin. Auch dort werden wir eine eintägige Führung mit einem Führer an allen historischen Stätten haben.

Meine Kinder machen bislang alles mit Bravour mit, meine Lieben, ehrlich gesagt kann man aber eigentlich auch nicht anders, denn alles ist total interessant und bewegend ... und ehrlich gesagt, macht es mit meinem Vater auch total viel „Spaß".

Zurück in Israel, setzen Naftali und Tova sich nachdrücklich für den Antrag der Filmemacher des Films „Kinderblock 66" ein: dem inzwischen verstorbenen, aus der Tschechoslowakei stammenden kommunistischen Widerstandskämpfer Antonin Kalina den Ehrentitel „Chassid Umot ha-Olam – Righteous Among the Nations – Gerechter unter den Völkern" zuzuerkennen, mit dem die Gedenkstätte Yad Vashem nichtjüdische Personen ehrt, die ihr Leben riskierten, um Juden zu retten. Antonin Kalina, damals Blockältester im Lager 66, hatte immer wieder sein eigenes Leben aufs Spiel gesetzt, um das Leben von über 900 jüdischen Jungen zu retten.

Am 8. Juli 2012 findet die Premiere des Films „Kinderblock 66" in Jerusalem statt. Am Tag darauf verkündet Yad Vashem die Entscheidung:
Antonin Kalina, dem auch Naftali und sein Bruder Shmuel ihr Überleben in Buchenwald verdanken, wird unter die „Gerechten unter den Völkern" aufgenommen. Naftali, der in wenigen Monaten 80 Jahre alt wird, ist froh und dankbar, dass sich auch im Bestreben, Antonin Kalina dem Vergessen zu entreißen und ihm posthum die gebührende Ehre zukommen zu lassen, „der Kreis geschlossen" hat. Unauslöschlich eingebrannt bleiben bei diesem „Kohlestück in den Flammen des Schreckens" auch die lebensbejahenden Worte des Vaters: „Komme, was wolle, wir müssen einfach überleben!"

Annette Hirzel

Mein Geliebter

Ich kannte Menschen aus der Nähe,
die den Horror deiner Vergangenheit erlebten
und gezeichnet, verletzt, nervös, ängstlich und
den Mitmenschen gegenüber hart sind.
Doch du,
der in den mörderischen Händen der Nazis seine Jugend verlor,
bist ganz und unversehrt geblieben.
Ein sanfter Blick in deinen warmen Augen,
deine ruhigen und gelassenen Bewegungen,
du bist erfüllt von Wärme und Menschenliebe.
Die Verfluchten konnten dir deine Seele nicht rauben.
Sie konnten dir deine Liebe zum Mitmenschen nicht zerstören.
Und, zu meinem Glück, auch nicht die Liebe zu einer Frau.
Ich,
die Glückliche,
die deine Liebe gewonnen hat,
bin völlig erstaunt über die Liebe,
die du in Hülle und Fülle deiner Familie schenkst.
Wir können uns alle nur glücklich schätzen.

Tova Wagman-Siegel

Naftalis Fürsts Skizze vom Todesmarsch 1945, entstanden 2009

67 Jahre nach dem berühmten Foto vom April 1945 an der Gedenkstätte KZ Buchenwald

Familie Fürst

Recherche: Joachim Wiesner

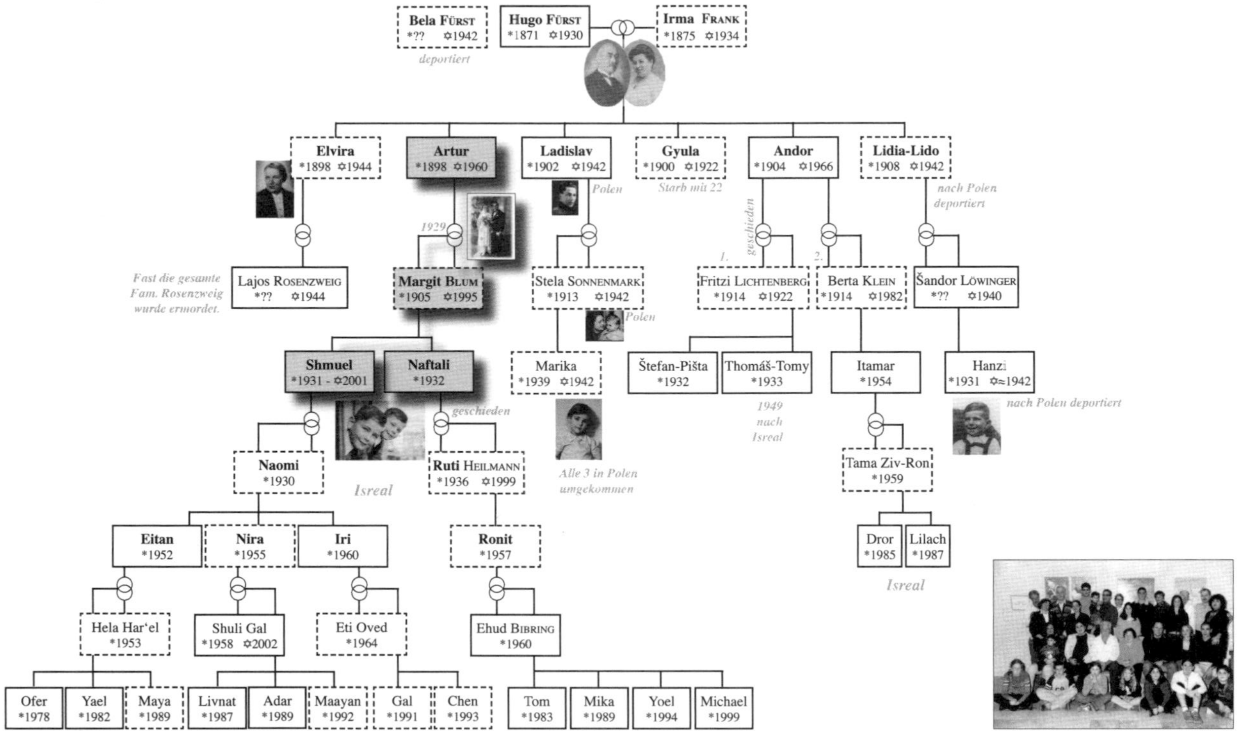

Familie Blum

Recherche: Joachim Wiesner

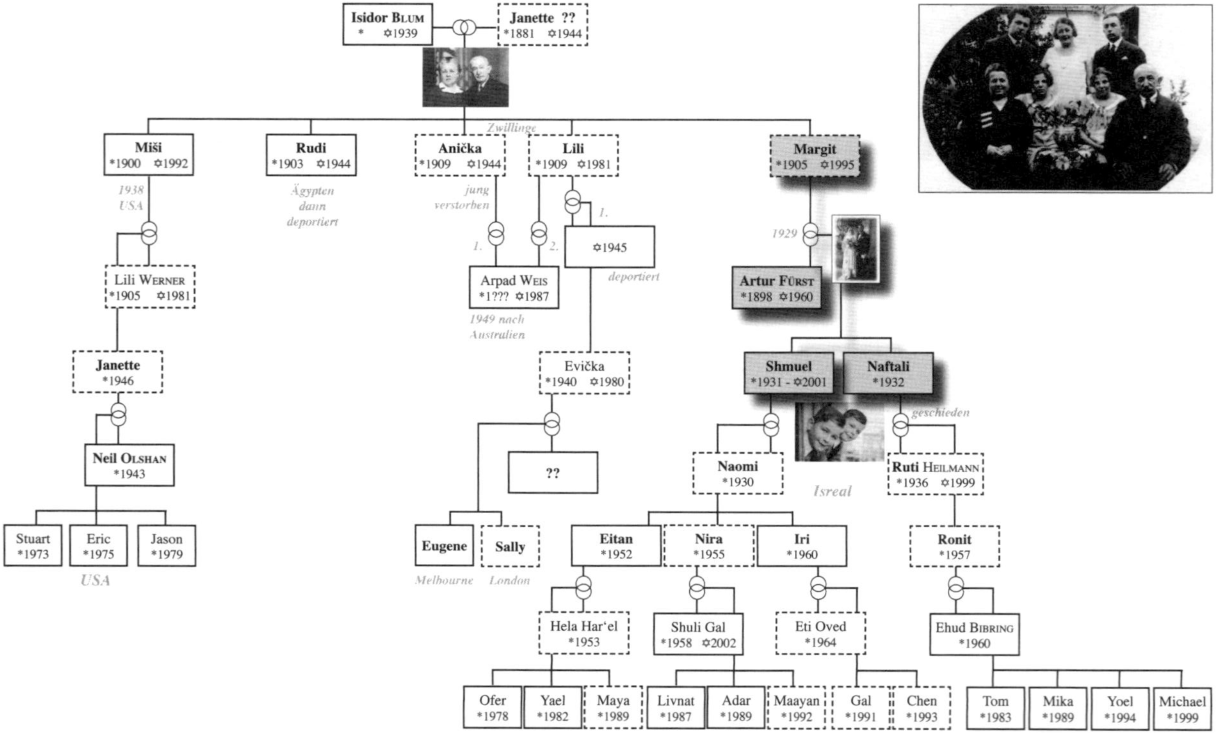

Nachwort

Liebe Leserinnen, liebe Leser,

„Alles wirkliche Leben ist Begegnung", schrieb der jüdische Religionsphilosoph Martin Buber. Er hatte eine Professur für Jüdische Religionslehre an der Johann Wolfgang Goethe-Universität in Frankfurt. 1933 legte er sie nieder. 1938 floh er nach Jerusalem, wo er bis zu seinem Tod blieb. Begegnungen hatte Buber viele, ebenso wie Naftali Fürst. Begegnungen prägen uns, sie schaffen Berührung, sie sind wirklich.

Auch Bücher können Begegnungen sein. Als Zeitdokumente schaffen sie eine Form der Berührungsmöglichkeit, die über Generationen hinweg transparent ist. Wenn in zehn, zwanzig, vielleicht auch fünfzig Jahren oder mehr, Schüler, Studenten, Berufstätige, Senioren dieses Buch in der Hand halten, dann spüren sie eine Begegnung. Sie lesen Seite für Seite die Geschichte einer Familie, die den Holocaust überlebt hat. Vor ihrem geistigen Auge sehen sie, wie Menschen aus einer unbeschwerten Kindheit gerissen werden, plötzlich um ihr Leben bangen und fliehen, wie sie verschleppt und wie Familien getrennt werden, Hunger leiden, völlig entkräftet auf den Tod warten. Wie dann die Befreiung kommt, man fortgeht und nicht mehr zurückkehrt. So wie Naftali Fürst. So wie Martin Buber. Erst 60 Jahre nach der Befreiung hat Naftali Fürst einen Fuß auf den Boden jenes Landes gesetzt, das den Lauf seines Lebens grundlegend änderte. Viele Jahre hat er über seine Erlebnisse nicht gesprochen. Irgendwann gab es einen ersten Moment, erste Gespräche, Besuche in Schulen und schließlich Filme, Dokumentationen und – dieses Buch.

Es ist ein Lebensbericht, das Dokument einer zeitlosen Begegnung. Wir können danach greifen, wann immer wir wollen. Es liegt an uns, das Verlangen der Menschen wachzuhalten, die Begegnung mit diesem Buch zu suchen. Antwort gibt es nur, wenn Fragen gestellt werden. Und es bleibt die immerwährende Aufgabe staatlicher Politik, diese Fragen zu provozieren: Fragen zu einem friedlichen und geeinten Europa, Fragen zum solidarischen Zusammenleben der Menschen und die Frage danach, was wäre, wenn es beides so nicht mehr gäbe. Eine Antwort liefert dieses Buch.

Ihre

Christine Lieberknecht
Thüringer Ministerpräsidentin